1001 phrases pour bien parler espagnol

un peu de grammaire,
beaucoup d'exemples

Monica Dorange
Agrégée de l'Université
Professeur en classes préparatoires
au lycée Henri IV (Paris)

Du même auteur, chez le même éditeur

- *Le Thème grammatical aux concours commerciaux et scientifiques espagnol* (en collaboration avec B. Sauzet), 176 pages, 2004.
- *1001 expressions pour tout dire en espagnol*, 208 pages, 2005.

ISBN 978-2-7298-2348-1
© Ellipses Édition Marketing S.A., 2005
32, rue Bargue 75740 Paris cedex 15

Le Code de la propriété intellectuelle n'autorisant, aux termes de l'article L.122-5.2° et 3°a), d'une part, que les « copies ou reproductions strictement réservées à l'usage privé du copiste et non destinées à une utilisation collective », et d'autre part, que les analyses et les courtes citations dans un but d'exemple et d'illustration, « toute représentation ou reproduction intégrale ou partielle faite sans le consentement de l'auteur ou de ses ayants droit ou ayants cause est illicite » (Art. L.122-4).
Cette représentation ou reproduction, par quelque procédé que ce soit constituerait une contrefaçon sanctionnée par les articles L. 335-2 et suivants du Code de la propriété intellectuelle.

www.editions-ellipses.fr

Avant-propos

Cet ouvrage s'adresse aux élèves des classes préparatoires aux grandes écoles, aux étudiants, aux lycéens et plus largement à tous ceux qui souhaitent maîtriser les structures fondamentales de l'espagnol.

1001 expressions usuelles classées en **77 points de grammaire** constituent **un manuel de consultation rapide** idéal pour les règles de grammaire à connaître absolument et un **précieux guide** quant à leur **application**.

La démarche se veut efficace, vivante et concrète : **un minimum d'explications**, systématiques et fouillées cependant, **pour un maximum d'exemples** authentiques. Elle se fonde sur un constat pédagogique : vous apprenez mieux par l'exemple que par la règle. Vous découvrirez de multiples situations expressives écrites et orales et leur clé grammaticale.

Le but ultime est de permettre l'emploi des idiomatismes et le réemploi des règles et des structures.

Le résultat escompté est l'acquisition d'une expression naturelle où la grammaire, loin d'être une coquille vide à remplir de mots de vocabulaire, trouve sa place de façon attractive.

L'auteur

Sommaire

1. Accentuation 7
2. Addition 10
3. Apocope 12
4. Aquí, ahí, allí 14
5. Article 19
6. Avoir beau 22
7. Bien que, même si 23
8. C'est... que, c'est... qui 26
9. Comparatifs 27
10. Concordance 31
11. Coordination 32
12. Corrélations 34
13. Démonstratifs 35
14. Depuis 38
15. Devenir 39
16. Diminutifs et augmentatifs 42
17. Dont 46
18. Enclise 49
19. En - Y 50
20. Exclamation 52
21. Féminin des adjectifs 56
22. Formes progressives 56
23. Fractions 59
24. Futur et conditionnel 61
25. Gérondif 62
26. Il y a 67
27. Imparfait 69
28. Impératif 69
29. Indéfinis 73
30. Infinitif 81
31. Interrogation 87
32. Mais 90
33. Même 93
34. Modifications verbales 95
35. Moitié 97
36. Ne... que 99
37. Négation et affirmation 100
38. Numération 104
39. Obligation impersonnelle : il faut 107
40. Obligation personnelle : devoir 108
41. On 109
42. Participe passé 111
43. Passé simple et subjonctif imparfait 116
44. Périphrases verbales 119
45. Peut-être 122
46. Phrase passive 123
47. Pluriel 124
48. Plutôt 126
49. Por et para 127
50. Porque 129
51. Possessifs 131
52. Pourcentages 135
53. Prépositions 136

54. Présent indicatif et subjonctif 141
55. Probabilité et hypothèse. 143
56. Pronoms compléments 146
57. Pronoms sujets 150
58. Pues 153
59. Que 153
60. Quel que 155
61. Qui 157
62. Répétition 159
63. Ser et estar 160
64. Souhait et regret 163
65. Subjonctif 165
66. Subordonnées de but 169
67. Subordonnée de cause ... 170
68. Subordonnée conditionnelle 174
69. Subordonnée de conséquence 178
70. Subordonnée de manière 181
71. Subordonnée de temps et de lieu 183
72. Substitutions de temps 187
73. Superlatif 189
74. Temps composés 192
75. Verbes irréguliers 195
76. Voici, voilà 199
77. Ya 200
Index grammatical 203

1. Accentuation

À la lecture : si le mot ne contient pas d'accent écrit, on applique la règle générale pour faire entendre l'accent tonique. Si le mot contient un accent écrit, la place de l'accent tonique est donc indiquée. **Lors de la prise de notes :** vous entendez toujours l'accent tonique mais vous ne l'écrivez que s'il ne respecte pas la règle générale.

▶ **Règle générale :** un mot terminé en voyelle, *s* ou *n* porte l'accent tonique sur l'avant-dernière syllabe. Un mot terminé en consonne sauf *s* et *n* porte l'accent tonique sur la dernière syllabe.

La mari**po**sa	*Le papillon*
Una idea su**til**	*Une idée subtile*
El de**ber** es**cri**to u o**ral**	*Le devoir écrit ou oral*
Las condi**cio**nes	*Les conditions*
Un **mi**tin	*Un meeting*
un plan au**daz**	*Un projet audacieux*
El árbol	*L'arbre*
El café	*Le café*
El pájaro	*L'oiseau*
La condición	*La condition*
El interés	*L'intérêt*
El prócer	*L'homme illustre*
Una idea útil	*Une idée utile*

▶ 2 voyelles fortes (*a*, *e*, *o*) constituent 2 syllabes, 2 voyelles faibles (*i*, *u*) 1 syllabe, le mot suit alors la règle générale. Si une syllabe comporte une faible et une forte, écrivez un accent sur la faible si vous l'entendez détachée de la forte.

La boi/na - Me lo pro/hí/be	Le béret - Elle me l'interdit.
La coi/ma - ¿o/í/ste?	Le pot-de-vin - Tu as entendu ?
el tio/vi/vo - el tí/o	Le manège - l'oncle
Mi pai/sa/no - el pa/ís	Mon compatriote - le pays
El cai/mán - a/hí	Le caïman - là
La his/to/ria y la ge/o/gra/fí/a	L'histoire et la géographie
la fie/ra - son/rí/en	Le fauve - ils sourient
La ley - le/í/do	La loi - lu
Cau/to - el la/ú/d	Prudent - le luth
El a/gua - la grú/a	L'eau - la grue
La deu/da - el re/ú/ma	La dette - les rhumatismes
Una pro/pues/ta - el dú/o	Une proposition - le duo
El o/bo/e /- la bar/ba/co/a	Le hautbois - le barbecue
La i/de/a - el rui/do	L'idée le bruit

▶ Les accents grammaticaux sont obligatoires sur les interrogatifs et les exclamatifs, sur les pronoms démonstratifs (sauf antécédents d'une relative) ainsi que pour distinguer des homonymes.

aún - aun	encore - même
dé - de	Qu'il donne - de
El té - te	Le thé - te
más - mas	plus - mais
a mí, para mí - mi	à moi, pour moi... - mon, ma

Lo sé, sé bueno – se	Je le sais, sois sage – se
sí – si	oui – conjonction si
sólo – solo	seulement – seul
tú – tu	tu, toi – ton, ta
ésta – esta	celle-ci – cette
él – el	Il – article le

▶ Verbes en *iar* et *uar* et verbes à dernière syllabe du radical contenant *a, e, o* suivis de *i* ou *u* : accent écrit sur le *i* ou le *u* sauf nous et vous aux présents de l'indicatif et du subjonctif et à la 2e personne de l'impératif. Verbes en *eír* : accent sur le *i* aux présents du subjonctif (sauf vous) et de l'indicatif et à la 2e personne de l'impératif. Verbe *oír* et ses composés : accent sur le *i* au présent de l'indicatif : nous et vous.

No sitúo tu casa en el plano.	Je ne situe pas ta maison sur le plan.
Confío plenamente en ti.	J'ai toute confiance en toi.
Desafiáis a la autoridad.	Vous défiez les autorités.
No se adecúa a la situación.	Cela ne s'adapte pas à la situation.
Me lo prohíben mis convicciones.	Mes convictions me l'interdisent.
Se reúnen en este local.	Ils se réunissent dans cette salle.
Si aúnan esfuerzos, lo conseguirán.	S'ils unissent leurs efforts, ils y arriveront.
Ríe bajo cuerda.	Il rit sous cape.
Sonreís ligeramente.	Vous avez un petit sourire.

Sofríe las patatas para la tortilla.	*Fais sauter les pommes de terre pour l'omelette.*
Desoímos la advertencia	*Nous n'avons pas écouté la mise en garde.*
¿Te frío unos huevos?	*Je te fais frire des œufs ?*

▶ Passé simple des verbes en *er* ou *ir* dont le radical se termine par *a, e* ou *o* : accent sur le *i* à toutes les personnes concernées (sauf 3e du singulier et du pluriel).

¿Oíste el ruido?	*Tu as entendu le bruit ?*
Reímos con ganas.	*Nous avons ri de bon cœur.*
No caí en la trampa.	*Je ne suis pas tombée dans le panneau.*
Lo releísteis en voz alta.	*Vous l'avez relu à voix haute.*
Creíste que era la verdad.	*Tu as cru que c'était la vérité.*

2. Addition

▶ *Además de, aparte de, fuera de, encima de, sobre* + nom ou infinitif, *tras* suivi de l'infinitif, signifient *en plus de, outre hormis, non seulement* et se construisent également avec *que* + indicatif. (voir Prépositions, Mais)

Además de las explicaciones, me dio ejemplos.	*En plus des explications, il me donna des exemples.*
Sobre profesor, es director.	*Non seulement il est professeur, mais il est aussi directeur.*

Aparte de estas consideraciones, está bien.	Hormis ces considérations, c'est bien.
Tras que me molesté, no sirvió para nada.	Outre que je me suis dérangée, ça n'a servi à rien.
Encima de llegar tarde, no tiene las entradas.	Il est en retard et en plus il n'a pas les billets.
Descontando que me salió por un ojo de la cara.	Sans compter que ça m'a coûté les yeux de la tête.
Me gustó y por añadidura, me convenció.	Ça m'a plu et de surcroît ça m'a convaincu.
¡Para colmo queda muy lejos!	C'est très loin par-dessus le marché !
Fui andando y para colmo llovía.	J'y suis allée à pied et, en prime, il pleuvait.
Para colmo de males, el almacén había cerrado.	Pour comble de malheur, le magasin était fermé.
¿Quién estaba aparte del sospechoso?	Qui était là à part le suspect ?
Son capítulos aparte.	Ce sont des chapitres à part.
Es capítulo aparte.	C'est une autre histoire.
Es un artista fuera de serie.	C'est un artiste hors pair.
¡Oiga! ¡estoy fuera de cobertura!	Allô ! je n'ai pas de réception !
Fuera de lo dicho	Hormis ce qui a été dit
Tras ser maleducado, se jacta de ello.	Outre qu'il est mal élevé, il s'en vante.
Fuera de bromas	Toute blague mise à part
Está fuera de juego.	Il est hors-jeu.

3. Apocope

Il s'agit de la chute de la fin du mot lorsqu'il est placé devant une certaine catégorie de mots et sous certaines conditions.

▶ ***Bueno**, **malo**, **alguno**, **ninguno**, **primero**, **tercero**, **postrero*** perdent le ***o*** devant un nom masculin singulier, même coordonnés ou juxtaposés à un autre adjectif (sans article) ou à ***otro***.

Me parece un buen principio.	*Le principe me paraît bon.*
Su primer gran puesto	*Son premier poste important*
Su primer y único premio	*Sa première et seule récompense*
El tercero y el último intento	*Le troisième et dernier essai*
No le pongo ningún reparo.	*Je n'émets aucune objection.*
¿Algún otro problema?	*Il y a un autre problème ?*
el Tercer Mundo	*Le Tiers-Monde*

▶ ***Cualquiera*** et ***grande*** deviennent ***cualquier*** et ***gran*** devant tout nom singulier, même coordonnés ou juxtaposés à un autre adjectif ou à ***otro***. L'apocope de ***grande*** n'est pas obligatoire au superlatif.

Cualquier día te lo llevo.	*Je te l'apporte un de ces jours.*
Es una gran suerte.	*C'est une grande chance.*
Sería mi más grande alegría.	*Ce serait ma plus grande joie.*
Cualquier otro día me viene mejor.	*Tout autre jour m'arrangerait mieux.*

- *Recientemente, **tanto** et **cuanto** apocopent aussi au pluriel. **Recientemente** apocope devant un participe passé, **tanto**, **cuanto** devant adjectif et adverbe. **Cuanto** n'apocope pas devant les comparatifs **mayor, menor, mejor, peor** ni devant **más** et **menos**.

El recién estrenado alcalde	Le maire nouvellement élu
Los recién casados	Les jeunes mariés
Resulta tan agradable.	C'est si agréable.
¡Cuán deprisa pasó el verano!	Comme l'été est passé vite !
Cuanto más gente acuda, mejor.	Plus il y aura de monde, mieux ce sera.
¡Tanto mejor!	Tant mieux !

- ***Santo*** devient ***san*** devant un nom propre **masculin** ne commençant pas par **To** et **Do**.

Santo Domingo (República Dominicana)	Saint Domingue (République Dominicaine)
Santa Monica (California)	Santa Monica (Californie)
Santo Tomás	Saint Thomas
San José (Costa Rica)	San José (Costa Rica)
San Salvador (El Salvador)	San Salvador (El Salvador)
Santa Cruz de Tenerife	Santa Cruz de Tenerife

- Si plusieurs adverbes sont coordonnés ou juxtaposés, seul le dernier porte ***mente***, les autres sont réduits au féminin de l'adjectif.

Paciente, valerosamente	*Patiemment, courageusement*
Lisa y llanamente	*Purement et simplement*
Ni fácil ni agradablemente	*Ni facilement, ni agréablement*
Eficaz pero pausadamente	*Efficacement, mais posément*
¿Se declaró fría, tibia o apasionadamente?	*Il a fait sa déclaration froidement, mollement ou passionnément ?*
Habló ya descarada ya disimuladamente.	*Elle parla tantôt ouvertement tantôt avec dissimulation.*

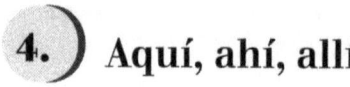 **Aquí, ahí, allí**

Voir : Démonstratifs, Prépositions, Voici, voilà

> *Aquí* ou *acá* (*ici*), désignent la proximité immédiate et renvoient au démonstratif *este*, au présent, à la sphère du locuteur. *Acá* est plus imprécis (= *por aquí*) ou plus proche (= *más cerca*), il est aussi très usuel en Amérique latine. *Acá* marque le terme d'une action passée (= *a esta parte*), tandis que *aquí* est le point de départ d'une action à venir. *Acá* peut être utilisé avec les comparatifs.

Desde aquí me resulta difícil explicártelo.	*Il m'est difficile de t'expliquer ça d'ici.*
Aquí estoy.	*Me voici.*
Aquí las condiciones laborales son muy distintas.	*Les conditions de travail sont bien différentes ici.*
¿Qué hacéis acá?	*Qu'est-ce que vous faites dans le coin ?*

No hay muchas tiendas acá.	Il n'y a pas beaucoup de boutiques par ici.
Ven acá y no te muevas de mi lado.	Viens ici et reste près de moi.
Del año 1978 acá, la sociedad ha evolucionado muchísimo.	De 1978 à nos jours, la société a beaucoup évolué.
De aquí a ocho días lo volvemos a hablar, ¿vale?.	On s'en reparle d'ici huit jours. OK ?
De aquí en adelante no me fiaré de las apariencias.	Dorénavant je ne me fierai pas aux apparences.
Del mes de noviembre noviembre acá, la inflación se ha disparado.	Du mois de novembre au jour d'aujourd'hui, l'inflation s'est envolée.
¡Hasta aquí podíamos llegar!	Il y a des limites !
Le dije hasta aquí.	Je lui ai dit stop.
El metro no está tan acá como creíamos.	Le métro n'est pas aussi proche que nous le croyions.
Ven más acá que no te oigo.	Viens plus près, je ne t'entends pas.

▶ *Ahí* (là) désigne un éloignement relatif et renvoie au démonstratif *ese*, au passé, à la sphère de l'interlocuteur. **Por ahí** marque l'imprécision.
Attention au français *là* qui signifie parfois *ici* et qui peut être temporel.

Encontrarás tus llaves ahí, en ese gancho.	Tu trouveras tes clés là, sur ce crochet.

Estaba enfadado pero de ahí a romper, hay mucha distancia.	*Il était fâché mais de là à rompre, il y a une marge.*
De ahí no paso.	*Je n'irai pas plus loin.*
De ahí no pasó la cosa.	*Les choses n'allèrent pas plus loin.*
Por ahí anda la cosa	*C'est à peu près ça.*
Serían las doce por ahí.	*Il devait être à peu près midi.*
Ahí me las den todas.	*Après moi le déluge.*
Me doy a dar una vuelta por ahí para despejarme.	*Je vais faire un tour quelque part pour m'éclaircir les idées.*

▶ *Allí* ou *allá* (*là-bas*) désignent l'éloignement certain dans le temps ou l'espace et renvoient au démonstratif *aquel*, au passé, à la sphère de l'autre (ni *yo* ni *tú*). *Allá* est plus éloigné ou moins précis et peut s'associer à *muy* et *más*.

Se fue probar fortuna a aquel país y formó allí una familia.	*Il est parti chercher fortune dans ce pays et a fondé là-bas un foyer.*
Se fue allá y cortó amarras con nosotros.	*Il est parti là-bas et a coupé les ponts avec nous.*
Allá por los años sesenta, no todos teníamos tele.	*À cette époque-là, dans les années 1960, nous n'avions pas tous la télé.*
Trabajo de repartidor aquí y allí.	*Je travaille comme livreur ici et là.*
Aún se veían focos de incendio aquí y allá en el valle.	*On voyait encore des foyers d'incendie ça et là dans la vallée.*

Verás alguna errata acá y allá pero no va muy allá.	Tu verras une faute de frappe par-ci par-là mais ça ne va pas bien loin.
Me explicó esto, lo otro y lo de más allá.	Il m'a expliqué ci et ça.
Viaja de acá para allá con su compañía de títeres.	Elle voyage d'un endroit à l'autre avec sa compagnie de marionnettes.
Se oyen rumores por aquí y por allá pero nada seguro.	On entend des rumeurs de-ci de-là mais rien de sûr.
Allá él	Tant pis pour lui
El más allá	L'au-delà
Hay que ir más allá de los temas trillados.	Il faut aller au-delà des sujets rebattus.
No quise ir más allá en la discusión.	Je n'ai pas voulu aller plus loin dans la discussion.

▶ *Adelante* (en avant), *atrás* (en arrière), *arriba* (en haut), *abajo* (en bas), *afuera* (dehors), *adentro* (dedans) se placent après un verbe ou un substantif. Autres sens exclamatifs de *adelante* (passez, en avant), de *arriba* (vive), de *abajo* (à bas). Sens temporel de *adelante* et de *atrás*.

La cocina está en la parte de atrás de la casa.	La cuisine est à l'arrière de la maison.
Estos hechos vienen de muy atrás.	Ces faits remontent à loin.
Días atrás ya se encontraba mal.	Quelques jours avant, elle ne se sentait déjà pas bien.

Ha empezado la cuenta atrás.	*Le compte à rebours a commencé.*
Sigue carretera adelante.	*Continue plus avant sur cette route.*
Siguió adelante sin importarle las consecuencias.	*Il est allé de l'avant sans se soucier des conséquences.*
La mitad del recorrido es cuesta abajo.	*La moitié du parcours se fait en descendant.*
Se me hace cuesta arriba empezar de cero.	*Je trouve ça dur de repartir à zéro.*
Lo puso todo patas arriba.	*Il a tout mis sens dessus dessous.*
No pegaba el ojo ni boca arriba, ni boca abajo.	*Je ne fermais l'œil ni sur le ventre ni sur le dos.*
Cambió la ordenación del piso de arriba abajo.	*Il a changé l'agencement de la maison de fond en comble.*
Escaleras arriba, hay un desván.	*En haut des escaliers, il y a un grenier.*
Lo hallarás en la estantería de arriba.	*Tu le trouveras sur l'étagère supérieure.*
Corrió escaleras abajo.	*Il descendit les escaliers en courant.*
Nos aventuramos tierra adentro.	*Nous nous sommes aventurés à l'intérieur des terres.*
Ve afuera a recoger las sombrillas.	*Va dehors pour rentrer les parasols.*
Nos dieron la bienvenida de labios afuera.	*Ils nous ont souhaité la bienvenue du bout des lèvres.*

5. Article

> Devant un nom propre, choisissez le genre du nom commun sous-entendu. Pas d'article devant le nom de pays sauf s'il est suivi d'un complément.

A esta orilla del (mar) Mediterráneo	De ce côté de la Méditerranée
El (río) Sena	La Seine
El (coche) Mercedes	La Mercedes
La (organización) OCDE	L'OCDE
La (letra) eñe	Le ñ
La España de charanga y pandereta	L'Espagne d'opérette
La España que avanza	L'Espagne qui bouge
La España democrática	L'Espagne démocratique
Argentina y Chile	L'Argentine et le Chili

> ***El*** substantive un infinitif : *le fait de*. ***El, la, los, las*** + participe passé : *celui... **El, la, los, las*** (+ ***que*** ou ***de***) : *celui... qui, que* ou *de*. ***El*** + jour de la semaine, sauf date du jour et apposition. ***Los*** + jour de la semaine marque la périodicité. ***Los*** + âge (verbe d'action). ***La, las*** + heure. ***El, la*** + ***señor*** ou autre titre si on parle de la personne.

El proponerlo te honra.	Cette proposition t'honore.
Me preocupa el que no llueva (subj.)	Le fait qu'il ne pleuve pas m'inquiète.

El que no llora no mama. (ind.)	Celui qui ne demande rien n'a rien.
El que ríe el último ríe mejor.	Rira bien qui rira le dernier.
Prefiero la de la izquierda.	Je préfère celle de gauche.
La velocidad autorizada en carretera y la tolerada...	La vitesse autorisée sur route et celle tolérée...
Las pruebas registradas y las esperadas...	Les preuves enregistrées et celles attendues...
La tienda cierra los sábados.	La boutique ferme le samedi.
Emigró a los veinte años.	Il émigra à l'âge de vingt ans.
Hoy tendrá diecisiete años.	Il doit avoir dix-sept ans aujourd'hui.
Los noventa	Les années 90
Te veré el lunes que viene a la una o a las dos.	Je te verrai lundi prochain à une heure ou à deux heures.
¡Señor director, repórtese!	Monsieur le Directeur, reprenez-vous !
Ahora le recibe la señora presidenta.	Madame la présidente va vous recevoir.

▶ **Irrégularités :** ***El*** ou ***un*** + nom féminin commençant par ***a*** ou ***ha*** toniques. Deux contractions de l'article en espagnol : ***a*** + ***el*** = ***al***, ***de*** + ***el*** = ***del***.

El <u>a</u>gua fresca	L'eau fraîche
Un <u>ha</u>cha afilada	Une hache aiguisée
La ama<u>po</u>la roja	Le rouge coquelicot

Vamos en dirección a la carretera de Andalucía.	*Nous sommes en direction de la route d'Andalousie.*
Llegué al inicio del curso.	*Je suis arrivé au début de l'année scolaire.*
Nos dirigimos al Norte.	*Nous allons au Nord.*

> L'article neutre **lo** substantive un adjectif ou un participe passé se rapportant à une catégorie. *A lo* + adjectif ou nom marque la façon d'agir. *A la* + adjectif de nationalité marque l'usage culturel. **Lo que** : *ce que, ce qui.* **Lo que** = **cuanto**. **Lo de** : *l'affaire, l'histoire, le problème, le truc de.*

Lo esperpéntico	*Ce qui est surréaliste*
La lucha contra lo establecido	*La lutte contre les valeurs établies*
Canta a lo Lola Flores.	*Elle chante dans le style de Lola Flores.*
Te comportas a lo tonto.	*Tu te comportes bêtement.*
Guisaba a la española.	*Elle cuisine à l'espagnole.*
¡Lo que me impresionó lo que me contaste!	*Comme j'ai été impressionné par ce que tu m'as raconté !*
Lo que yo crea o deje de creer, a nadie le importa.	*Ce que je crois ou pas, n'a d'importance pour personne.*
Cuéntame lo de tu tío.	*Raconte-moi l'histoire avec ton oncle.*

> ***El, la, los, las, un*** (personne), ***un, uno, una, unos, unas*** permettent de substantiver un adjectif. ***Unos, unas*** + nombre signifie *environ*, ***unos, unas*** + nom signifie *quelques*.

Los tontos somos nosotros.	C'est nous les idiots.
La muy coqueta estaba vestida de punta en blanco.	Cette grande coquette était tirée à quatre épingles.
Eran unos maleducados.	C'étaient des mal élevés.
Me llevaré unas maduras.	J'en prendrai qui soient mûres.
No quiero uno estropeado.	Je n'en veux pas un qui soit abîmé.
Es una antipática.	Elle est antipathique.
Tu abuelo era un rojo.	Ton grand-père était un rouge.
Sigue recto unos metros.	Continue sur quelques mètres.
Unos veinte socios	Environ vingt membres

6. Avoir beau

Le mot sur lequel porte la concession est en tête en espagnol. Il faut donc d'abord rechercher dans la phrase la présence d'un adjectif, puis d'un nom avant de suivre la construction française *avoir beau* + verbe.

> ● ***Por más*, *por mucho*** + verbe + ***que*** (ou + nom + ***que*** + verbe) au mode indicatif (fait réel ponctuel) ou subjonctif (éventualité, réalisation en cours). On a donc tendance à utiliser le subjonctif au-delà des cas d'application dans les circonstancielles.
> (voir Subjonctif)

Por más que me lo explicó, no me enteré.	Il a eu beau m'expliquer, je n'ai pas saisi.

Por más que me lo explicara una y otra vez, yo no me enteraba.	*Il avait beau m'expliquer inlassablement, je ne saisissais pas.*
Por mucho que te sepas el texto de memoria, no te confíes.	*Tu as beau connaître ton texte par cœur, ne pèche pas par excès de confiance.*
Por más interés que le pongo, es aburridísimo.	*J'ai beau m'intéresser, c'est vraiment ennuyeux.*
Por más interés que le puse, acabé dejando ese libro.	*J'ai eu beau m'y intéresser, j'ai fini par fermer le livre.*
Por muchas promesas que nos hagan, desconfiemos.	*On aura beau nous faire des promesses, méfions-nous.*
Por más primas que me dieran, no aceptaría un trabajo peligroso.	*On aurait beau me donner des primes, je n'accepterais pas un travail dangereux.*

▶ ***Por*** (***muy***) + adjectif ou adverbe + ***que*** + verbe au subjonctif.
Attention : *aussi, si, pour* + adjectif sont autant d'équivalents de *avoir beau*.

Por muy bonito que te lo pinten, es un lugar perdido.	*On aura beau t'en faire un tableau idyllique, c'est un trou.*
Por extraño que resulte, allí me siento a gusto.	*Aussi étrange que ça paraisse, je m'y sens bien.*

7. Bien que, même si

Posez-vous la bonne question : fait réalisé ? (***aunque*** + indicatif) ou fait non réalisé ? (***aunque*** + subjonctif). Ne passez pas par le français qui utilise souvent *même si* pour éviter le subjonctif après *bien que*.

> ▶ Les nombreux équivalents de ***aunque*** + indicatif (*bien que*), hors formes non conjuguées, sont également suivis de l'indicatif. **Attention** à la forme négative.

Si bien quiero decírselo, no me atrevo a dar el paso.	*Quoique je veuille le lui dire, je n'ose pas franchir le pas.*
A pesar de que se aconsejaba no esquiar, se arriesgaron.	*En dépit du fait qu'il était conseillé de ne pas skier, ils prirent le risque.*
Se confundió y eso que le avisé.	*Il s'est emmêlé et pourtant je l'avais averti.*
Aun gustándome las fiestas, también valoro el descanso.	*Tout en étant amateur de fêtes, j'apprécie aussi le repos.*
Aun sin gustarme las fiestas, la tuya me encantó.	*Bien que je n'aime pas les fêtes, j'ai adoré la tienne.*
Con ser amigos sus padres, no se llevan bien.	*Bien que leurs parents soient amis, elles ne s'entendent pas.*
Con no ser muy amigos, suelo cruzarme con él.	*Bien que nous ne soyons pas très amis, je le croise souvent.*
Listo y todo, no acertó.	*Tout malin qu'il soit, il n'a pas deviné juste.*
Empollando y todo, suspendió.	*Bien qu'il ait bûché, il a été recalé.*
Sin estudiar ni nada, aprobó.	*Même sans travailler, il a été reçu.*

● Les équivalents de *aunque* + subjonctif (même si)

Aun cuando me tocara el gordo, todo seguiría igual.	*Quand bien même je gagnerais le gros lot, rien ne changerait.*
Aun convenciéndolo, no saldrá bien.	*Même si je parviens à le convaincre, ça n'ira pas.*
Aun sin quererlo, podría hacerte daño	*Je pourrais te faire du mal, même sans le vouloir.*

● Des adverbes permettent d'exprimer la concession dans les phrases indépendantes.

Pese a lo dicho, no estoy resentido con ella.	*Malgré tout ce qui a été dit, je ne lui en veux pas.*
Así y todo, podría venir.	*Il pourrait venir tout de même.*
A pesar de todo, estoy lista.	*Malgré tout, je suis prête.*
Con todo, estoy satisfecho.	*Je suis satisfait malgré tout.*
Aun así, me hago preguntas.	*Je me pose quand même des questions.*
Sin embargo, lo había jurado.	*Pourtant il avait juré.*
Empero, es un cultismo.	*Cependant, c'est un mot recherché.*
No obstante, se personará en el juzgado.	*Néanmoins, il se présentera devant le tribunal.*
¡Y mira que te lo dije!	*Et pourtant je te l'avais dit !*

8. C'est... que, c'est... qui

Points communs à ces deux constructions : le verbe **ser** est au temps du verbe qui suit *que* ou *qui*. Si ce verbe est à un temps composé, l'espagnol préfère cependant une solution légère avec **ser** au temps simple correspondant. Si ce verbe est au futur ou au conditionnel en français, il sera au subjonctif présent ou imparfait en espagnol, seul le verbe **ser** en tête est au futur ou au conditionnel.

> *C'est... que* : **ser** à la 3e personne du singulier et au temps de la phrase (+ préposition) + élément mis en relief (+ préposition) + conjonction en fonction de l'élément mis en relief (temps, cause, lieu, manière, COD...) + verbe.

Era en Madrid donde residía.	*C'est à Madrid que je vivais.*
Es por el monte por donde suelo pasear.	*C'est en montagne que je me promène généralement.*
Fue por amor por lo que actuó.	*C'est par amour qu'il a agi.*
Era por todos esos motivos por los que no había firmado.	*C'est pour toutes ces raisons qu'il n'avait pas signé.*
Es a Miguel a quien amo.	*C'est Michel que j'aime.*
Era con viajar con lo que soñaba.	*C'est de voyages dont il rêvait.*
Es por ti por quien he aguantado.	*C'est pour toi que j'ai tenu bon.*
Con calma es como se lo ha tomado.	*C'est avec calme qu'il a pris la chose.*

No sería en verano cuando yo fuera a Marbella.
Ce n'est pas en été que j'irais à Marbella.

▶ *C'est... qui* : **ser** à la même personne et au même temps que le verbe de la phrase + nom ou pronom sujet mis en relief (+ préposition) + **el que, la que** (**los que, las que**) ou **quien, quienes** (uniquement pour des personnes) + verbe.

Era el gato el que se había zampado el pollo.
C'était le chat qui avait englouti le poulet.

¿Fuisteis vosotros quienes silbasteis?
C'est vous qui avez sifflé ?

No seré yo quien te desdiga.
Ce n'est pas moi qui te dirai le contraire.

Éramos nosotros los que tarareábamos.
C'était nous qui fredonnions.

9. Comparatifs

▶ **Égalité** : **tan** + adjectif ou adverbe ou **tanto, a (s)** + nom + **como**. **Attention** : ne pas confondre avec **tanto** (invariable)... **como** (*aussi bien... que*) car dans ce cas il est normal de trouver **tanto** suivi d'un adjectif.

Dará tantas garantías como le pidan.
Il donnera autant de garanties qu'on lui en demandera.

Resulta tan pesada como él.
Elle est aussi lourde que lui.

La noticia me parece tan increíble como estupenda.
La nouvelle me paraît incroyable autant que formidable.

Bromea tanto como su hermana.	Il plaisante autant que sa sœur.
No tengo tanta suerte como tú.	Je n'ai pas ta chance.
Las ciruelas me gustan tanto verdes como maduras.	Je les aime aussi bien vertes que mûres, les prunes.

▶ Expressions avec *autant*

Es capaz de pelear como el que más.	Il est capable de se battre autant que n'importe qui.
Mejor no asustarle	Autant ne pas l'alarmer
Más quisiera que no.	J'aimerais autant pas.
Es tanto como decir que no quieres.	Autant dire que tu ne veux pas.
Haría otro tanto.	J'en ferais autant.
Es otro tanto que no tendrás que hacer.	C'est autant que tu n'auras pas à faire.
Los exámenes son otras tantas ocasiones de ejercitarse.	Les examens sont autant d'occasions de s'exercer.
Lo mismo se podría demostrar lo contrario.	On pourrait tout autant (aussi bien) dire le contraire.
No puede decir lo mismo.	Il ne peut pas en dire autant.
No por ello me quedo satisfecha.	Je ne suis pas satisfaite pour autant.
Cuantas encuestas, tantos resultados distintos	Autant d'enquêtes, autant de résultats différents

Cuan atractivo era el viaje, tan caro resultaba.	*Autant le voyage était attractif, autant il était cher.*
Cuan relajado era él, tan estresada era ella.	*Autant il était détendu, autant elle était stressée.*
Cuanta mala sombra tenía, tanto lo reconocía.	*Autant il était mal intentionné, autant il le reconnaissait.*
Encargué otras tantas para la semana próxima.	*J'en ai commandé autant pour la semaine prochaine.*
Lo que el viento se llevó.	*Autant en emporte le vent.*
Estudia como el que más.	*Il travaille autant que n'importe qui.*
Me dediqué a ello a más no poder.	*Je m'y suis consacré autant que faire se peut.*
Abogo por una solución justa dentro de lo que cabe.	*Je plaide autant que possible pour une solution juste.*

▶ **Comparatif de supériorité ou d'infériorité :** ***más*** ou ***menos*** + **adjectif, participe passé ou adverbe** + ***que*** (+ nom ou pronom), ***de lo*** (+ participe passé), ***de lo que*** (+ verbe). ***Más*** ou ***menos*** + **nom** + ***que*** (+ nom ou pronom), ***del, de la, de los, de las*** (+ participe passé), ***del, de la, de los, de las que*** (+ verbe).

Es más papista que el papa.	*Il est plus royaliste que le roi.*
Va más deprisa de lo previsto.	*Ça va plus vite que prévu.*
Es más guapo que nadie.	*Il est beau comme personne.*
Ese ramo está menos ajado que éste.	*Ce bouquet est moins fané que celui-ci.*
Tienes más posibilidades de éxito de las que te figuras.	*Tu as plus de chances de succès que tu ne crois.*

Vinieron menos turistas de los esperados.	Les touristes ont été moins nombreux qu'on n'escomptait.
Me entregaron más tela de la que me vendieron.	Ils m'ont livré plus de tissu qu'ils ne m'avaient vendu.
Tiene menos dinero del que parece.	Il a moins d'argent qu'il n'y paraît.
Gasta más de lo que tiene.	Il vit au-dessus de ses moyens.
El vencedor cosechó menos votos de los que pretende.	Le vainqueur a récolté moins de voix qu'il ne prétend.
Es una persona más estresada que tú.	C'est quelqu'un de plus stressé que toi.
Más vale lo malo conocido que lo bueno por conocer.	Le mieux est l'ennemi du bien.

> Les comparatifs irréguliers sont ***mejor*** (***bueno***), ***peor*** (***malo***), ***menor*** (***pequeño***), ***mayor*** (***grande***), ***superior*** (***alto***), ***inferior*** (***bajo***) au masculin et au féminin. ***Más grande*** est possible pour le superlatif, mais utilisez toujours ***mayor*** pour le comparatif.

Estoy peor preparado de lo que quisiera para el examen.	Je suis moins prêt que je ne voudrais pour cet examen.
Aceptaría un salario inferior al actual.	J'accepterais un salaire inférieur.
Sacaba notas superiores a las mías.	Elle avait de meilleures notes que moi.
Eres mejor que yo.	Elle est meilleure que moi.
Estos problemas parecen mayores que antes.	Ces problèmes paraissent plus importants qu'avant.
La concurrencia es menor de lo usual.	L'affluence est moins grande que d'habitude.

10. Concordance

Elle s'applique à toutes les constructions au subjonctif. Mais le bon sens peut commander une concordance au présent, même si le verbe de la principale est au passé, afin de montrer que l'on attend encore la réalisation de l'action. De même, il faut choisir selon le sens après des formes toujours employées au même temps telles que ***quisiera que*** ou ***puede que***.

- Concordance au présent si le verbe de la principale est au présent de l'indicatif, au futur, au passé composé ou à l'impératif : subordonnée au présent du subjonctif (ou subjonctif passé si antériorité de l'action).

Ruégueles que hagan silencio.	*Priez-les de faire silence.*
Te he pedido que no vuelvas a las mismas.	*Je t'ai demandé de ne pas recommencer.*
El presidente pidió que se reforme esa ley en la próxima legislatura.	*Le président demanda la réforme de cette loi pendant la législature à venir.*
Ahora quisiera que me escuchéis atentamente.	*Je voudrais à présent que vous m'écoutiez attentivement.*
Tal vez venga mañana.	*Il viendra peut-être demain.*
Acaso hayas desaprovechado tu mejor oportunidad.	*Tu as peut-être laissé passer ta meilleure chance.*

- Concordance au passé si le verbe de la principale est au passé simple, à l'imparfait, au plus-que-parfait ou au conditionnel : subordonnée à l'imparfait du subjonctif (ou plus-que-parfait si antériorité de l'action).

Le pedí que repitiera la pregunta.	Je lui ai demandé de répéter sa question.
Hubiera sido normal que hubiera protestado.	Il eut été normal qu'il eût protesté.
Yo quisiera que todo saliera bien.	Je voudrais que l'issue fût favorable.
Era necesario que me lo explicaras.	Il fallait que tu m'expliques tout cela.
¡Quizá no fuera mal consejo!	Ce n'était peut-être pas un mauvais conseil !
Puede que entonces no lo entendiera.	Il se peut qu'à l'époque je n'aie pas compris.

11. Coordination

> ▸ *Y* devient *e* devant un mot commençant par *i* ou *hi*. *O* devient *u* devant un mot commençant par *o* ou *ho*.

Geografía e historia	Histoire et géographie
Uno u otro indistintamente	L'un ou l'autre sans distinction
No escojo ni una ni otra.	Je ne choisis ni l'une ni l'autre.
No quiero postre ni café.	Je ne veux ni café ni dessert.
Ya sean de izquierdas ya sean de derechas, venga promesas.	Qu'ils soient de gauche ou de droite, les promesses pleuvent.
Dame uno (bien) (sea) amarillo (bien) (sea) azul.	Donne-m'en un soit jaune soit bleu.

Me visitaba ya, antes, ya después de cenar.	Il me rendait visite tantôt avant le dîner tantôt après.
No vino pero telefoneó.	Elle n'est pas venue mais elle a appelé.
Es cierto, ahora bien, matízalo.	C'est vrai, cela dit, nuance un peu.
Se declara inocente, ahora bien no tiene coartada.	Il se dit innocent, or il n'a pas d'alibi.
Acampo pues sale más barato.	Je campe car c'est meilleur marché.

> **Expressions avec *ni***

Ni confirmo ni dejo de confirmar.	Je n'ai pas à confirmer ou à infirmer.
Ni entro ni salgo en la crítica.	Je ne me mêle pas de critiquer.
Me salió ni fu ni fa.	Je n'ai ni bien ni mal réussi.
Ni me va ni me viene.	Ça ne me fait ni chaud ni froid.
¡Ni tanto ni tan calvo!	Il ne faut exagérer ni dans un sens ni dans l'autre !
Ni una cosa ni otra (ni lo uno ni lo otro)	Ni l'un ni l'autre
Ni corta ni perezosa, me piré.	Je n'ai fait ni une ni deux, j'ai filé.
Ni sienten ni padecen.	Ils sont insensibles.
No la deja ni a sol ni a sombra.	Il ne la quitte pas d'une semelle.

12. Corrélations

Le mot sur lequel porte le degré de comparaison doit être placé en tête. Ce sera le nom lorsque vous repérez un *plus* ou *moins de*. Vérifiez ensuite la présence d'un adjectif ou d'un adverbe sur lequel porteraient *plus* ou *moins*. En dernier ressort, le verbe sera en tête, comme en français.

▶ *Plus (moins)... plus (moins)* : ***cuanto más*** (***menos***) + verbe, adjectif, participe passé ou adverbe + ***más*** (***menos***). ***Cuanto*** s'accorde lorsqu'il est suivi d'un nom. ***Mientras*** peut remplacer ***cuanto***. La règle du subjonctif dans la subordonnée s'applique. (voir Subjonctif)

Cuantas más explicaciones das, peor lo pones.	*Plus tu donnes des explications, pire c'est.*
Cuanto menos me ayudes, más tardaremos.	*Moins tu m'aideras et plus nous y mettrons de temps.*
Cuanto menos convencido me mostraba, más insistía.	*Moins je me montrais convaincu, plus il insistait.*
Cuanto más deprisa, más despacio.	*Qui se hâte trop reste en chemin.*
Cuantos más datos conocía, menos ganas tenía de ir.	*Plus j'avais d'éléments et moins j'avais envie d'y aller.*
Cuanto más titulada sea, más contratos le propondrán.	*Plus elle sera diplômée, plus elle recevra des propositions de contrat.*

▶ *D'autant plus (moins) (de)... que (de)* : ***tanto más*** (***menos***) + nom, adjectif, participe passé ou adverbe... ***cuanto más*** (***menos***) + nom, adjectif, participe passé ou adverbe (ou ***cuanto*** *que* + verbe). Accord avec le nom. *D'autant plus que* + verbe : ***tanto más cuanto que*** qui peut se réduire à ***tanto más que*** ou ***cuanto más que***.

Resulta tanto más increíble cuanto que obró solo.	C'est d'autant plus incroyable qu'il a agi seul.
Hará tantas más tonterías cuanto más chapucero sea.	Il fera d'autant plus de bêtises qu'il bâclera davantage.
Se dan tantos más accidentes cuanto más alcohol se bebe.	Il y a d'autant plus d'accidents que l'on boit plus d'alcool.
Voy tanto más despacio cuantas más curvas hay.	Je vais d'autant plus lentement qu'il y a plus de virages.
Voy tanto más rápido cuanto que hay pocos semáforos.	Je roule d'autant plus vite qu'il y a peu de feux.
Estudio tanto más que ya repito año.	Je travaille d'autant plus que je suis déjà redoublant.

13. Démonstratifs

Ce	***este, ese, aquel***
Cette	***esta, esa, aquella***
Ces	***estos, esos, aquellos*** au masculin ***estas, esas, aquellas*** au féminin

▶ ***Este*** s'emploie pour le présent, ***yo*** ou ***aquí***. ***Ese*** pour le passé, ***tú*** ou ***ahí***. ***Aquel*** pour le passé lointain, ***él*** ou ***allí***, ***allá***. ***Aquel*** peut ajouter une nuance laudative, ***ese*** une nuance péjorative. ***Este, ese, aquel*** après l'article défini marquent une distance empreinte de dédain. **Tal** et **_dicho_** (si déjà exprimé) sont les démonstratifs de rappel.

Te dejo estos pocos libros.	*Je te prête ces quelques livres.*
Dame esos folios.	*Passe-moi ces feuilles.*
Esa plaga afecta a los países latinoamericanos.	*Cette plaie touche les pays latino-américains.*
En aquellos tiempos no tenían luz eléctrica.	*À cette époque-là, il n'y avait pas l'électricité.*
Aquel invento	*Cette grande invention*
Ese delincuente llamado Ratero. Dicho sujeto está en la cárcel.	*Ce délinquant dénommé Filou. Cet individu est en prison.*
Tal error no se repetirá.	*Cette erreur ne se reproduira pas.*
Me quedo con el coche este.	*Je prends cette voiture-ci.*
¡Qué borde el tío ese!	*Quel abruti ce type !*
Tampoco estaba mal la camisa aquella.	*La chemise là-bas n'était pas mal non plus.*

▶ Les pronoms démonstratifs portent un accent, sauf au neutre (**esto**, **eso**, **aquello** : *ceci*, *cela*) ou s'ils sont antécédents d'une relative. Dans un rappel, **_éste_** se réfère à la dernière personne mentionnée, **_ése_** l'avant-dernière puis **_aquél_** la première.

Ése no es el problema.	*Le problème n'est pas là.*
Aquéllos fueron sus argumentos.	*Voilà quels furent ses arguments.*
Ésas son los mías.	*Les miennes sont celles-là.*

Ésa y otras muchas razones motivan mi decisión.	*Cette raison et beaucoup d'autres expliquent ma décision.*
Asistieron primero a aquellos que estaban desmayados.	*On porta d'abord assistance à ceux qui étaient évanouis.*
Eso no quita para que esté satisfecho.	*Cela ne m'empêche pas d'être satisfait.*

▶ **Expressions avec des démonstratifs**

Ésta no es la casa de tócame Roque.	*Ici, ce n'est pas une auberge espagnole.*
¡No me vengas con ésas!	*À d'autres !*
Eso es.	*C'est ça.*
Esto es	*C'est-à-dire*
A eso voy.	*J'y viens.*
¿Y eso?	*Comment ça ?*
En una de ésas	*Sur ces entrefaites*
Ni por ésas	*Pas pour un empire*
Con eso y con todo	*Malgré tout*
Lo dijo con esa su dulzura.	*Il le dit avec cette douceur qui lui était propre.*
A eso de las diez	*Vers dix heures*
Tiene un aquel.	*Il a un je ne sais quoi.*
¿Qué pasó con eso del robo?	*Que s'est-il passé avec cette vieille histoire de vol ?*
Hace tiempo de aquello.	*Cette histoire date à présent.*
Esa u otra solución.	*Cette solution ou une autre.*

14. Depuis

> **Desde** marque l'origine. **Desde... hasta** est plus précis que **de... a**.

Ha desaparecido desde el lunes.	Elle a disparu depuis lundi.
El paro viene bajando desde el mes de julio.	Le chômage est en baisse depuis le mois de juillet.
Desde el 2002 pagamos con euros.	Nous payons en euros depuis 2002.
La tienda cierra desde la una hasta las tres y media.	La boutique ferme de 13 h à 15 h 30.
Sí, de cinco a siete está abierto el servicio.	Oui, le service est bien ouvert de cinq à sept.

> **Desde hace** marque la durée (*depuis*). (**Hacer** peut se mettre à l'imparfait.) **Llevar** + notion de temps + gérondif, participe passé ou locution : *cela fait*. (À la forme négative : **llevar** + notion de temps + **sin** + infinitif.) **Cumplirse... de** + nom ou **desde que** + verbe, pour un anniversaire. **Hace** + notion de temps + **que** : *il y a* (au présent, à l'imparfait ou au futur).

Está jubilado desde hace un par de años.	Ça fait deux ou trois ans qu'il est à la retraite.
Eran amigos desde hacía años.	Ils étaient amis depuis des années.
Lleva algún tiempo rondándome la cabeza.	Cela fait un certain temps que ça me travaille.

Lleva dos años con ese proyecto.	*Cela fait deux ans qu'il a ce projet.*
Llevamos un mes en España.	*Cela fait un mois que nous sommes en Espagne.*
Lleva un rato dormido.	*Cela fait un moment qu'il dort.*
El perro lleva horas sin salir.	*Cela fait des heures que le chien n'est pas sorti.*
Llevo ganadas tres partidas.	*Cela fait trois parties que je gagne.*
Se cumple una semana de su desaparición.	*Cela fait une semaine qu'elle a disparu.*
Hoy se cumplen dos años desde que estoy en el cargo.	*Cela fait deux ans aujourd'hui que j'occupe ce poste.*
Ya hará una hora que están negociando.	*Cela fait bien une heure qu'ils négocient.*
¡Hacía tiempo que no reía tanto!	*Cela faisait longtemps que je ne riais pas comme ça !*

15. Devenir

La traduction de *devenir* est délicate. Évitez les fautes de construction, ainsi **ponerse** n'admet pas un nom, **convertirse** et ses équivalents sont les seuls qui soient suivis de la préposition **en**. Essayez ensuite de les distinguer clairement. Sachez enfin que **volverse** est le seul bon joker !

▶ **Ponerse** + adjectif (changement d'état) : on s'intéresse à l'action.
Volverse + adjectif (changement essentiel, parfois rapide ou inattendu) ou nom avec article (changement définitif) : on s'intéresse au résultat. **Hacerse** + adjectif (changement

progressif) ou nom sans article (changement volontaire): on parle souvent du caractère, la profession, l'idéologie.

Se puso furioso.	Il est devenu furieux.
Se ha vuelto una persona influyente.	Il est devenu quelqu'un d'influent.
¿Te has vuelto loca?	Tu es devenue folle ?
Se ha vuelto muy tacaño.	Il est vraiment devenu radin.
Con los años, se ha hecho tacaño.	Avec le temps, il est devenu radin.
Jugaba en Bolsa y un buen día se volvió rico.	Il devenu riche en jouant à la Bourse.
Se hizo de oro gracias a inversiones acertadas.	Il est devenu richissime grâce à de bons investissements.
¿Qué es de ella?* Se hizo escritora.	Qu'est-elle devenue ? Elle est devenue écrivain.

*Sens particulier de devenir

▶ ***Llegar a*** + (***ser***) + nom ou adjectif marque l'aboutissement d'une évolution ou d'un effort. ***Convertirse en, transformarse en, cambiarse en, trocarse en, mudarse en, tornarse en*** + nom marque un changement irréversible et global. ***Quedarse*** + adjectif indique une conséquence involontaire, rapide et durable. ***Pasar a*** indique un changement durable et une nouvelle étape.

Llegó a ser campeón olímpico gracias a su tesón.	Il devint champion olympique grâce à sa ténacité.
Llegó a capitán.	Il est devenu capitaine.
Llegaron a ser cuantiosas las pérdidas.	Les pertes devinrent importantes.

Se convirtió en una estrella.	*Elle est devenue une star.*
De ser un vago, pasó a ser un empollón.	*Il est devenu bûcheur après avoir été un fainéant.*
Se quedó paralítico a raíz de un accidente de moto.	*Il est devenu paralysé suite à un accident de moto.*
Saltó a la fama con esa película.	*Elle est devenue célèbre du jour au lendemain grâce à ce film.*

▶ ***Poner, volver, hacer, dejar*** (*rendre* + adjectif) sont les équivalents actifs de ***ponerse, volverse, hacerse, quedarse*** (*devenir*).

Se puso triste con la noticia.	*Il devint triste à cette nouvelle.*
La noticia le puso triste.	*La nouvelle l'a rendu triste.*
Se volvió loco de alegría.	*Il devint fou de joie.*
La alegría lo volvió loco	*La joie le rendit fou.*
El carril de la derecha se hizo más estrecho.	*La voie de droite devint plus étroite.*
Las obras hicieron más estrecha la autopista.	*Les travaux rendirent l'autoroute plus étroite.*
Se ha hecho envidioso.	*Il est devenu envieux.*
Tantos fracasos lo hicieron envidioso.	*Tous ces échecs l'ont rendu envieux.*
Se quedó sordo tras una enfermedad.	*Il devint sourd suite à une maladie.*
Una enfermedad le dejó sordo a Goya.	*Une maladie rendit Goya sourd.*

16. Diminutifs et augmentatifs

Les diminutifs s'ajoutent à un adjectif, un nom, un adverbe, un gérondif de façon très libre. Ils peuvent aussi marquer l'atténuation et l'affection. Les plus courants sont *-ito* et *illo*. On peut les remplacer par *-ico* (Aragón, Murcia), *-ín* (Asturias), *-iño* (Galicia), *-ete* (Cataluña), *-uco* (Cantabria). Les augmentatifs s'ajoutent à un nom ou un adjectif mais avec précaution car ils sont souvent lexicalisés. Leur valeur peut être péjorative.

▶ Mots terminés par *o* ou *a* : chute du *o* ou du *a* + *-ito*, *-ita*

El osito Miguel	Michel, le petit ours
¡Andandito!	En route !
¡Id despacito!	Allez-y doucement !
¡Ahorita voy!	J'arrive tout de suite !
Justito acaba de salir.	Il vient tout juste de sortir.
Un poquitín difícil	Un petit peu difficile
Se resolverá el problema pasito a paso.	On résoudra le problème par étapes.
Es majo tu amiguito.	Ton petit copain est sympa.
Con ese trabajito me gané un dinerillo.	Avec ce job, j'ai gagné un peu d'argent.
Es igualico a su abuelico.	C'est son grand-père tout craché.
Resulta un pelín justo.	C'est un poil trop juste.
¡Qué pillina eres!	Quelle coquine tu fais !
Hace sus pinitos en el mundo del cine.	Il fait ses premiers pas dans le monde du cinéma.

- Mots terminés par consonne sauf **r** et **n** : + ***ito*, *ita***

Eres un angelito.	Tu es un petit ange.
Le gustan los animalitos.	Il aime les bêtes.
Un arrocito delicioso mejor que cualquier otro arroz.	Un riz délicieux meilleur que tout autre riz.

- Mots terminés par ***e, n, r*** : + ***cito*, *cita***

¡Qué calorcito tan agradable!	Quelle douce chaleur !
Un amorcito	Un petit amour
Pulgarcito	Le Petit Poucet
Cántale una cancioncilla.	Chante-lui une petite chanson.
Aquí tienes tu cafecito.	Voilà ton petit café.
Joyeros con sus cajoncitos	Boîtes à bijoux à petits tiroirs
Juega con su camioncito y sus cochecitos.	Il joue avec son petit camion et ses petites voitures.
¡Pobrecita!	La pauvre !
Son rufiancillos.	Ce sont des mauvais garçons.
Un empujoncito.	Un petit coup de pouce.

- Monosyllabes ou mots à diphtongue tonique : + ***ecito*, *ecita***

Florecillas de los Alpes	Des petites fleurs des Alpes
Una redecilla para el moño.	Un petit filet pour chignon
Sembró piedrecitas.	Il sema des petits cailloux.
Echó un sueñecito.	Elle a fait un petit somme.
Está tiernecita la carne.	La viande est toute tendre.

Un duendecillo	*Un petit lutin*
Una fuentecita	*Une petite fontaine*
Una fierecilla	*Une petite sauvageonne*
Sus piececitos	*Ses petits pieds*
El pececito colorado	*Le petit poisson rouge*
Una lucecita en la oscuridad	*Une petite lumière dans l'obscurité*

▶ **Diminutifs lexicalisés :** ces mots ne sont plus perçus comme des diminutifs, enlever leur suffixe changerait leur sens.

La barbilla (la barba)	*Le menton (la barbe)*
El hoyuelo (el hoyo)	*La fossette (le trou)*
El hornillo (el horno)	*Le réchaud (le four)*
Un azucarillo (el azúcar)	*Un morceau de sucre*
El mosquito (la mosca)	*Le moustique (la mouche)*
El palillo (el palo)	*Le cure-dents (le bâton)*
La mantilla (la manta)	*La mantilla (la couverture)*
La colilla (la cola)	*Le mégot (la queue)*
El cabecilla (la cabeza)	*Le chef, le caïd (la tête)*
La mesilla (la mesa)	*La table de chevet (la table)*
El bolsillo (el bolso)	*La poche (le sac à main)*
El flequillo (el fleco)	*La frange de cheveux (la frange)*
El latiguillo (el látigo)	*Le tic de langage (le fouet)*
La coletilla (las coletas)	*Le leitmotiv (les couettes)*
El estribillo (el estribo)	*Le refrain (l'étrier)*

La muletilla (las muletas)	*La formule, la cheville (les béquilles)*
El comodín (cómodo)	*Le mot passe-partout, le joker (confortable)*
El platillo volante (el plato)	*La soucoupe volante (l'assiette)*
La bombilla (la bomba)	*L'ampoule électrique (la bombe)*
La tortilla (la torta)	*L'omelette (la galette, la gifle)*
La ventanilla (la ventana)	*Le guichet (la fenêtre)*
La mantequilla (la manteca)	*Le beurre (le saindoux)*
La cerilla (la cera)	*L'allumette (la cire)*
El gatillo (el gato)	*La gâchette (le chat)*
El pañuelo (el paño)	*Le mouchoir, le foulard (le tissu)*
Las castañuelas (la castaña)	*Les castagnettes (la châtaigne)*

▶ Les suffixes augmentatifs les plus courants sont **-ón, -azo, -ote**. **Ón** et **ote** peuvent aussi être des suffixes péjoratifs. **Ón** peut marquer la tendance. **Azo** peut aussi indiquer le coup porté comme le suffixe **ada**.

Una casona	*Une grande bâtisse*
Un pastón	*Une grosse somme d'argent*
Un fiestón	*Une grande fête*
Un alegrón	*Une grande joie*
Un notición	*Une grande nouvelle*
Un librote	*Un gros bouquin*

La palabrota	*Le gros mot*
Un besazo	*Un gros bisou*
El conciertazo	*Le mégaconcert*
¡Qué grandote está!	*Comme il est devenu grand !*
Un buenazo	*Une bonne pâte*
El solterón	*Le vieux garçon*
Ser cabezota	*Être cabochard*
Un ejercicio facilón	*Un exercice trop simple*
Un niño juguetón y burlón	*Un enfant joueur et moqueur*
Un color chillón	*Une couleur criarde*
Un mazazo	*Un coup de massue*
Un zarpazo	*Un coup de griffe*
Dio un portazo.	*Elle a claqué la porte.*
Un codazo	*Un coup de coude*
El flechazo	*Le coup de foudre*
El patinazo	*Le dérapage*
La puñalada trapera	*Le coup de poignard dans le dos*
La patada	*Le coup de pied*

17. Dont

▶ *Dont* se traduit par ***cuyo*** : l'antécédent est complément dans la relative d'un nom précédé en français de l'article défini. Accord en genre et en nombre avec ce nom.

Un plan cuyas ventajas resultan claras.	*Un plan dont les avantages apparaissent clairement.*
Era un pisito desde cuyo balcón se dominaba el valle.	*C'était un petit appartement des fenêtres duquel on dominait la vallée.*
Era un chalé en cuyo jardín crecían girasoles.	*C'était une villa dans le jardin de laquelle poussaient des tournesols.*
Un tendero con cuya hija se casó.	*Un boutiquier avec la fille duquel il se maria.*
Fue un llamamiento a cuyos argumentos fui sensible.	*Ce fut un appel aux arguments duquel j'ai été sensible.*
Puede anular, en cuyo caso no dejes de tomar otra cita.	*Il peut se décommander, auquel cas surtout prends un autre rendez-vous.*

▶ *Dont* se traduit par ***del que***, ***del cual*** ou ***de quien*** (pour des personnes seulement) : l'antécédent est complément dans la relative d'un verbe, d'un nom avec article indéfini, d'un numéral, d'un indéfini, d'un adjectif, d'un démonstratif ou possessif, d'une forme de restriction. Accord en genre et en nombre avec l'antécédent.

Unas visitantes de quienes no me acuerdo.	*Des visiteuses dont je ne me souviens pas.*
Un espectáculo del que tengo un recuerdo imborrable.	*Un spectacle dont je garde un souvenir inoubliable.*
Ese grupo del que muchos se salieron.	*Ce groupe dont beaucoup de gens sont partis.*
Una exhibición de la que conservo este catálogo.	*Une exposition dont je garde ce catalogue.*

Vacaciones de las que mi mejor día fue el lunes.	*Des vacances dont ma meilleure journée fut le lundi.*
Son premios de los que estar orgulloso.	*Ce sont des prix dont on peut être fier.*
Una prueba de la que sólo la última parte me salió bien.	*Une épreuve dont je n'ai réussi que la dernière partie.*
Las tasas de las que el 40% está dedicado a la deuda.	*Les taxes dont 40 % sont consacrés à la dette.*

▶ *Dont* se traduit par ***del que, de los que, entre los que, de los cuales, entre los cuales*** : l'antécédent est complément dans la relative d'un numéral ou d'un indéfini quantitatif. Accord en genre et en nombre avec l'antécédent. La tournure est souvent simplifiée.

Los matriculados, muchos de los cuales son hispanistas.	*Les inscrits, dont de nombreux hispanisants.*
Los matriculados, muchos de ellos hispanistas.	
Los indios, de los cuales más de la mitad eran analfabetos.	*Les Indiens dont la moitié était analphabète.*
Los indios, más de la mitad analfabetos.	
Quince víctimas, entre las cuales cinco escolares.	*Quinze victimes dont cinq écoliers.*
Quince víctimas, entre ellas (de ellas) cinco escolares.	

Un país del cual el cincuenta por ciento es selvático.	*Un pays dont 50 % du territoire sont couverts de forêts.*
El país que es selvático en un cincuenta por ciento.	

18. Enclise

Les pronoms compléments se placent après l'infinitif, le gérondif et l'impératif (sauf pour les formes d'impératif au subjonctif présent).

> Accent écrit si enclise d'1 pronom au gérondif et à l'impératif (sauf monosyllabes), si enclise de 2 pronoms à l'infinitif ou dans le cas d'un impératif monosyllabique.

Llévala a casa.	*Ramène-la chez elle.*
Piénsatelo.	*Réfléchis-y.*
Dame el bolígrafo, dámelo.	*Passe-moi le stylo ; passe-le-moi.*
Prefiero quedarme.	*Je préfère rester.*
Dímelo más despacio.	*Dis-moi ça moins vite.*
Prefiero quedármelo.	*Je préfère le garder pour moi.*
Estás durmiéndote.	*Tu es en train de t'endormir.*
Espérame sentado.	*Compte dessus et bois de l'eau.*
¡Abróchense los cinturones!	*Attachez vos ceintures !*

19. En - Y

En et *y* sont deux petits mots bien français qu'il n'est pas toujours nécessaire de traduire. Il convient de distinguer les cas où leur traduction serait inutile voire incorrecte de ceux où elle est essentielle à une bonne compréhension de la phrase.

▶ *En* + partitif, numéral ou quantitatif, *en... autre* ne se traduisent pas.

Quiero otra.	J'en veux une autre.
Compré pan pero ya había.	J'ai acheté du pain mais il y en avait déjà.
Se distinguen dos.	On en distingue deux.
Al contrario, tengo muchas.	Au contraire j'en ai beaucoup.
Eres uno de sus accionistas.	Tu en es l'un des actionnaires.
Escogeré unas nuevas o al menos unas en buen estado.	J'en choisirai des neuves ou du moins en bon état.
Me llevaré tres al azar.	J'en emporterai trois au hasard.
Llegaron otras tantas (balsas).	Il en vint (tout) autant (des radeaux).
Otro tanto te digo yo.	J'en ai autant à ton service.

▶ *En* + verbe + nom sous-entendu ou exprimé se traduit, si nécessaire et selon le cas, par une préposition + ***ello***, ***él***, ***ellos***, ***ella***, ***ellas***, un possessif ou ***de*** + adverbe de lieu.

Merece la pena.	Ça en vaut la peine.
Eres su jefe (de la empresa).	Tu en es le patron.
Se niega a hablar.	Il refuse de parler.
Se niega a hablar de ello. (del caso)	Il refuse d'en parler. (de l'affaire)
No te preocupes, que me acordaré.	Ne t'en fais pas, je m'en souviendrai.
Está prohibido, yo no entro.	C'est interdit, moi je n'entre pas.
En ello no entro. (en el asunto)	Je ne m'en mêle pas. (de l'affaire)
Aunque me fuera la vida en ello, no lo haría.	Je ne ferais pas ça, même si ma vie en dépendait.
De verdad lo dudo.	J'en doute fortement.
Me avergüenzo.	J'ai honte.
Me avergüenzo de ellas. (mis faltas)	J'en ai honte. (de mes fautes)
Ahora vuelvo.	Je reviens tout de suite.
Vuelvo de allí.	J'en viens.

▶ *Y se traduit, si nécessaire et selon le cas, par un adverbe de lieu, un pronom personnel (verbe transitif, COD) ou une préposition suivie de **ello** ou **esto**, **eso** qui sont plus précis.*

Voy para allá mañana.	J'y vais demain.
¿Le ves un inconveniente?	Tu y vois un inconvénient ?
Lo pensaré.	J'y réfléchirai.
Me obligó a ello (esto, eso).	Il m'y a obligé.

Estoy preparada para ello.	*J'y suis préparée.*
A ello voy, ahora lo entenderás.	*J'y viens, tu vas comprendre.*
Echas mano de ello en último extremo.	*Tu y recours en dernière instance.*

20. Exclamation

Il faut choisir l'adjectif exclamatif en fonction de la nature du mot sur lequel il porte. Les points d'exclamations encadrent la phrase ou sa partie exclamative seulement (auquel cas elle débute ou est suivie par une minuscule).

> **L'exclamation porte sur un adjectif, seul ou avec un nom :** *qué* + adjectif (+ nom) ou, plus usuel, *qué* + nom + *más* (ou *tan*) + adjectif.
> **L'exclamation porte sur un adjectif ou un adverbe :** *qué*, *cuán* + adjectif ou adverbe + verbe ou, très usuel, *lo* + adjectif ou adverbe + *que* + verbe.

¡Qué hermoso!	*Que c'est beau !*
¡Qué hermoso paraje! ¡qué paraje más hermoso!	*Quel beau site !*
¡Qué sorpresa tan grata!	*Quelle bonne surprise !*
¡Qué felices se les ve en esta foto!	*Comme ils paraissent heureux sur cette photo !*
¡Cuán de prisa pasó el verano!	*Comme l'été est passé vite !*
¡Lo temprano que llegas!	*Comme tu arrives tôt !*

No te haces idea de lo caro que es. — *Tu n'imagines pas à quel point c'est cher.*

¡No veas lo a gusto que está! — *Je ne te dis pas comme elle se sent bien !*

> **L'exclamation porte sur un nom : *qué* ou *cuánto*.**

¡Cuántas preocupaciones! — *Que de soucis !*

¡Qué maravilla! — *Quelle merveille !*

¡Qué sino el mío! — *Quel triste destin que le mien !*

¡Qué susto me diste! — *Quelle frayeur tu m'as faite !*

¡Cuántas obligaciones nos imponen! — *Que d'obligations nous sont imposées !*

¡Qué disparates dice! — *Qu'est-ce qu'il dit comme bêtises !*

> **L'exclamation porte sur un verbe : *cuánto* ou *lo que* expriment la quantité, *cómo* la quantité ou la manière.**

¡Cuánto lo siento! — *Je suis vraiment désolée !*

¡Cuánto has crecido! — *Comme tu as grandi !*

¡Cómo se las ha ingeniado! — *Comme il s'est bien débrouillé !*

¡Cómo ha engordado! — *Qu'est-ce qu'il a grossi !*

¡Cómo viniste de temprano! — *Comme tu es venue tôt !*

¡Lo que cambian las cosas! — *Comme tout change !*

¡Lo que me admiró su valor! — *Que j'ai admiré son courage !*

¡Cómo llueve! — *Qu'est-ce qu'il pleut !*

- ***Dónde**, **cuándo**, **quién**, **qué*** (parfois précédés d'une préposition), ***cómo**, **por qué**, **qué** + **ir a*** au présent ou à l'imparfait de l'indicatif + infinitif (+ ***si*** explicatif) expriment surprise, indignation ou ironie.

¡Cómo voy a comprar el periódico si hoy es festivo!	Comment veux-tu que j'achète le journal, c'est férié !
¡Adónde iba a ir con este tiempo!	Où voulais-tu que j'aille avec un temps pareil ?
¡Cómo iba a saberlo!	Comment pouvais-je le savoir ?
¡Qué va a venir!	Tu parles qu'il viendra !

- ***Maldito**, **dichoso*** : maudit, satané. ***Menudo*** + nom (+ adjectif) : sacré, fichu, drôle de (insistance admirative ou ironique selon le contexte et le ton). ***Vaya*** + nom (+ adjectif) : sacré, drôle de (surprise agréable ou désagréable). ***Valiente*** est ironique.

¡Maldita sea!	La barbe ! mince !
¡Vaya!	Zut !
¡Menuda!	Ça alors ! (admiratif)
¡Dichoso teléfono!	Maudit téléphone !
¡Dichoso despertador!	Réveil de malheur !
¡Menuda ganga!	Ça c'est une aubaine !
¡Menuda papeleta!	Drôle de corvée !
¡Vaya ocurrencia genial!	Tu parles d'une idée géniale !
¡Vaya noticia!	C'est une sacrée nouvelle !
¡Menudo (vaya) horario!	Fichu emploi du temps !
¡Valiente tontería!	Belle idiotie !

Expressions exclamatives

¡Vale!	OK !
¡So bestia!	Espèce d'abruti !
¡Tengo un hambre que para qué contarte!	J'ai une de ces faims, je ne te dis pas !
¡La de problemas que tengo!	J'ai un tas de problèmes !
¡Tengo una de problemas!	J'ai de ces problèmes !
¡Acabáramos!	C'était donc ça !
¡Qué va!	Tu parles !
¡Buena la hiciste!	Tu en as fait de belles !
¡Es el acabose!	C'est le bouquet !
¡Lo que va de ayer a hoy!	Les temps changent !
¡Lo que sea su voluntad!	À votre bon cœur !
¡No puede ser!	Pas possible !
¡Qué me dices!	Qu'est-ce que tu me racontes !
¡Y vuelta!	C'est reparti !
¡Estamos buenos!	Nous voilà bien !
¡A quién se le ocurre!	Quelle idée !
¡Y tanto!	Bien sûr ! Et comment !
¡Vaya que si vas!	Un peu que tu y vas !
¡Qué barbaridad!	C'est incroyable, énorme !
¡Qué disparate!	C'est n'importe quoi !
¡Al grano!	Venons-en au fait !

21. Féminin des adjectifs

Ces règles simples sont essentielles pour la formation de l'adverbe (féminin de l'adjectif + ***mente***). (voir Apocope)

> ▶ Les adjectifs terminés par ***o*** ont un féminin en ***a***. Les adjectifs terminés par ***e*** ou par consonne ne varient pas au féminin.
> **Exceptions :** les adjectifs en ***ete***, ***ote***, ***án***, ***ín***, ***ón***, les adjectifs en ***or*** (sauf adjectifs en ***ior*** et comparatifs irréguliers, invariables) ont un féminin en ***a***.

bueno, buena	*bon, bonne*
regordete, regordeta	*grassouillet, grassouillette*
dormilón, dormilona	*gros dormeur, dormeuse*
protector, protectora	*protecteur, protectrice*
La planta inferior	*L'étage du dessous*
La mejor baza	*Le meilleur atout*
Las mayores dificultades	*Les plus grandes difficultés*
Una idea insustancial	*Une idée inconsistante*
Una vida común y corriente	*Une vie ordinaire*

22. Formes progressives

Les formes progressives sont idiomatiques et très usuelles. **Attention : *andar*, *ir*, *irse*, *venir*** + gérondif peuvent conserver leur sens originel. ***Llevar*** + gérondif : voir Depuis.

> ▶ ***Andar*** + gérondif indique la dispersion de l'action.

Andas vociferando todo el santo día.	*Tu passes ta journée à gueuler.*
Anduvo contando sus desventuras.	*Elle a raconté partout ses mésaventures.*
Siempre andas reivindicando.	*Tu réclames continuellement.*
Anda diciendo que mentiste.	*Elle dit à tout le monde que tu as menti.*
Anda perdiendo las llaves cada dos por tres.	*Il perd ses clés à tout bout de champ.*
Siempre anda pidiendo.	*Il est toujours à demander.*
Anda cojeando.	*Il boite en marchant.*

▶ ***Estar*** indique l'action en cours.

El paro está siendo muy elevado en España.	*Le chômage est très important en ce moment en Espagne.*
¿Qué me estás contando?	*Que me racontes-tu là ?*
Te estaba vacilando.	*Je te faisais marcher.*
Está aprendiendo el español.	*Actuellement il apprend l'espagnol.*
Está guisando.	*Il est en train de cuisiner.*
Te estás muriendo de las ganas.	*Tu en meurs d'envie.*
Está sin hablar desde ayer.	*Depuis hier il ne parle pas.*

- ***Ir*** + gérondif indique la progression dans l'action.

Lo voy entendiendo.	*Je comprends peu à peu.*
Id entrando todos.	*Entrez les uns après les autres.*
Ve acomodándote.	*Commence à t'installer.*
Fue percatándose de su error.	*Il a réalisé peu à peu son erreur.*
Fue cantando y volvió llorando.	*Elle y est allée en chantant et elle est revenue en pleurs.*
Se fue bromeando.	*Elle est partie en plaisantant.*

- ***Seguir*** + gérondif, participe passé ou locution indique la permanence. Suivi d'un participe passé ou d'une locution, il sous-entend ***estando***. À la forme négative ***seguir sin*** + infinitif traduit *ne... toujours pas*.

Me sigue preocupando.	*Ça m'inquiète toujours.*
Sigo preocupado.	*Je reste inquiet.*
Sigo con la preocupación.	*Je continue à être inquiet.*
No sigas insistiendo.	*N'insiste plus.*
No seguiré encargándome de ese caso.	*Je ne continuerai pas à m'occuper de cette affaire.*
Prefiero no seguir estudiando y trabajar.	*Je préfère ne pas poursuivre mes études et travailler.*
Sigue sin despejarse el enigma.	*L'énigme n'est toujours pas résolue.*

- ***Venir*** + gérondif indique une action en cours se produisant depuis un certain temps ou une certaine date. La forme négative est ***venir sin*** + infinitif.

Se vienen produciendo estos terremotos desde los 80.	*Ces séismes ont lieu depuis les années 1980.*
Os lo vengo explicando desde hace seis meses.	*Je vous l'explique depuis six mois.*
Viene sin producirse el fenómeno unos diez años.	*Cela fait environ dix ans que le phénomène n'a pas lieu.*
El paro viene aumentando.	*Le chômage augmente depuis un certain temps.*
Viene echando pestes.	*Il vient en pestant.*

23. Fractions

Remarque préliminaire : le 16e n'est pas toujours une fraction, on dit ***el piso decimosexto*** ou, plus simplement, ***el piso dieciséis*** *(le 16e étage)*. De même ***el trigésimo aniversario*** ou plus couramment ***el treinta aniversario*** : *le 30e anniversaire*. ***Me situé en el puesto 16*** : *j'ai été seizième*.

▶ 1/3 à 1/10, 1/20 ; 1/10 et ses multiples

La tercera parte	*Le tiers*
La cuarta parte	*Le quart*
La quinta parte	*Le cinquième*
La sexta parte	*Le sixième*
La séptima parte	*Le septième*
La octava parte	*Le huitième*
La novena parte	*Le neuvième*
La décima parte	*Le dixième*

La vigésima quinta parte	*Le vingt-cinquième*
La centésima parte	*Le centième*
La milésima parte	*Le millième*
La millonésima parte	*Le millionième*
La milmillonésima parte	*Le milliardième*

▶ 1/x

La onceava parte	*Le onzième*
La treintava parte	*Le trentième*
La cincuenta y seisava parte	*Le cinquante-sixième*
La treinta y cincoava parte	*Le trente-cinquième*
La setenta y unava parte	*Le soixante et onzième*

▶ x/y

Las tres cuartas partes	*Les trois quarts*
Las seis décimas partes	*Les six dixièmes*
Las dosmillonésimas partes	*Les deux millionièmes*
Las ocho cuarentavas partes	*Les huit quarantièmes*
Las doce diecisieteavas partes	*Les douze dix-septièmes*

▶ En mathématiques, on peut se passer du mot **partes** en employant le masculin : ***el tercio*** (*le 1/3*), ***el octavo*** (*le 1/8*), ***los tres treinta y cincoavos*** (*les 3/35e*).

24. Futur et conditionnel

Pour les verbes irréguliers, les terminaisons du futur (*é, ás, á, emos, éis, án*) et du conditionnel (*ía, ías, ía, íamos, íais, ían*) s'ajoutent non pas à l'infinitif, comme c'est le cas des verbes réguliers, mais à un radical irrégulier.

Mémo : on retrouve les terminaisons du futur en conjuguant le verbe *Haber* au présent (*he, has, ha, hemos, habéis, han*). Accent écrit sur toutes les personnes sauf nous.

▶ Chute du *e* de l'infinitif

Habré acabado antes.	J'en aurai terminé avant.
Podrás llevártelo a las seis.	Tu pourras l'emporter à 6 h.
¿Querrá usted repetir?	Vous en reprendrez ?
Sabremos ir por partes.	Nous saurons faire la part des choses.

▶ *E* de l'infinitif changé en *d*

Pondréis toda la carne en el asador.	Vous mettrez le paquet.
Saldrán bien las cosas.	Tout ira bien.
Más te valdría empezar ya.	Il vaudrait mieux t'y mettre.
¿Así que vendríais mañana?	Vous viendriez donc demain ?
Tendríamos que volver.	On devrait revenir.

▶ 2 cas similaires

Yo diría que sí.	Je dirais plutôt oui.
Haría falta suministrar agua.	Il faudrait fournir de l'eau.

▶ *Al parecer*,... : *il paraît que*, est une bonne solution pour l'emploi du conditionnel journalistique, incorrect quoique fréquent, en espagnol. *Al parecer*, *no hubo víctimas* : il n'y aurait pas de victimes.

25. Gérondif

▶ **Gérondifs irréguliers** : voir Verbes irréguliers et Modifications verbales.

Sintiéndolo mucho, no puedo.	Avec tous mes regrets, cela m'est impossible.
Pudiendo ayudarle, lo haré con mucho gusto.	Si je peux vous aider, ce sera avec plaisir.
Lo dices riendo.	Tu dis ça en riant.
Aun diciéndolo con mesura, es un poco fuerte.	Bien qu'il le dise avec modération, c'est un peu fort.
Yendo juntos, lo lograremos.	En y allant ensemble, on y arrivera.

▶ Dans la proposition gérondive, le sujet est placé après le gérondif, sauf pour les titres.

Me lo contaron siendo yo un niño.	Alors que j'étais un enfant, on me raconta cette histoire.

Estando tu amiga presente, no me atreví a hablarte.	*Ton amie étant présente, je n'ai pas osé te parler.*
Habiendo llegado el director, podemos empezar.	*Le proviseur étant arrivé, nous pouvons commencer.*
Habiéndome enterado de la noticia, le di la enhorabuena.	*Ayant appris la nouvelle, je la félicitai.*
« Niños jugando a soldados » es un lienzo de Goya.	*« Enfants jouant aux soldats » est une toile de Goya.*

❱ Le gérondif en espagnol ne peut comme en français se substituer à une relative, même si cet usage s'étend. Voir Subjonctif pour le mode dans la relative.

Se precisa a una secretaria que sepa de contabilidad.	*On recherche une secrétaire connaissant la comptabilité.*
Las personas que presenciaban el acto, aplaudieron.	*Les personnes assistant à la cérémonie applaudirent.*
Un país que se declara laico no puede actuar así.	*Un pays se disant laïque ne peut agir de la sorte.*
Aquellos candidatos que lleven su convocatoria, pueden pasar.	*Les candidats ayant leur convocation peuvent entrer.*

❱ Le sujet du gérondif est celui de la principale, seuls les verbes de perception et de représentation peuvent être suivis d'un gérondif se rapportant au COD. ***Colgando*** (*suspendu*), ***hirviendo*** (*bouillant*) et ***ardiendo*** (*brûlant*) s'emploient comme des adjectifs invariables.

Le vi al cartero repartiendo el correo. (perception)	*J'ai aperçu le facteur distribuant le courrier.*
Le saludé al cartero que estaba repartiendo el correo.	*J'ai salué le facteur qui distribuait le courrier.*
No me represento a un amigo mintiendo (représentation)	*Je ne conçois pas qu'un ami puisse mentir.*
No admito que un amigo me mienta.	*Je n'admets pas qu'un ami me mente.*
La recuerdo bromeando con todo. (représentation)	*Je me souviens d'elle plaisantant à tout propos.*
Pintó a su abuelo durmiendo la siesta. (représentation)	*Elle a peint son grand-père tandis qu'il faisait la sieste.*
Había una maceta colgando del balcón.	*Il y avait une jardinière suspendue au balcon.*

▶ Le gérondif, placé avant le verbe de la principale, peut exprimer une légère antériorité. Placé après, il peut désigner une action simultanée ou légèrement postérieure, ce qui peut ajouter une nuance de conséquence. Placé avant ou après, il exprime la manière, le temps ou la condition.

Preguntando a los vecinos, encontré el piso.	*J'ai trouvé l'étage en interrogeant les voisins.*
Llevando un plano, no hará falta preguntar el camino.	*En emmenant une carte, on n'aura pas besoin de demander notre route.*
Será fácil aunando nuestros esfuerzos.	*Ce sera facile en conjuguant nos efforts.*

Puso el coche en marcha, encendiéndose la radio.	Il démarra la voiture et la radio s'alluma.
Reincidió volviendo a la cárcel.	Il récidiva et retourna en prison.
Lo comprendió, sacando la conclusión de todo ello.	Elle a compris et en a tiré les conclusions.

> Si le gérondif français n'exprime pas la durée (*pendant que*) ou la condition mais une simple simultanéité par rapport à l'action de la principale (*au moment où*) : **al** + infinitif. Mais pour exprimer la manière (*comme, puisque*) vous avez les deux possibilités : **al** + infinitif ou le gérondif.

Al sentarme en el sillón, oí un maullido.	En m'asseyant sur le canapé, j'ai entendu un miaulement.
Al sentarme (sentándome) sin fijarme, había aplastado al gato.	En m'asseyant sans faire attention, j'avais écrasé le chat.
Sentándote aquí, estarás cómodo.	En t'asseyant là, tu seras bien.
Reincidió estando en libertad bajo fianza.	Il a récidivé alors qu'il était en liberté conditionnelle.
Releyendo el Quijote, me entretuve apuntando frases.	En relisant le Quichotte, je me suis amusée à noter des phrases.
Al leer aquella frase, lo comprendí todo.	En lisant cette phrase, j'ai tout compris.
Viéndome apurada, tomé un taxi.	(Étant) Pressée par le temps, j'ai pris un taxi.

Viendo que no estabas, me fui.	*Voyant que tu n'étais pas là, je suis partie.*
Al ver que eran las ocho, te llamé.	*En voyant qu'il était huit heures, je t'ai appelée.*
Al inaugurarse el nuevo curso político	*Lors de la rentrée politique*

▶ Expressions avec le gérondif

Volviendo a lo nuestro	*Pour en revenir à nos moutons*
Teniendo en cuenta las circunstancias, lo entiendo.	*Si l'on prend en compte les circonstances, je comprends.*
Andando se hace el camino.	*C'est en forgeant qu'on devient forgeron.*
Las mata callando.	*Il fait ses coups en douce.*
Mejorando lo presente	*Sauf votre respect*
¡Andando (que es gerundio)!	*En route (et plus vite que ça) !*
Andando el tiempo, se mentalizó de ello.	*Avec le temps, il se fit à cette idée.*
Aquí estamos, pasando el rato.	*Nous voilà, à tuer le temps.*
Tú, siempre bromeando.	*Tu as toujours le mot pour rire.*
Lo dijiste como eludiendo explayarte.	*Tu l'as dit comme si tu évitais de t'étendre sur le sujet.*
Pensándolo mejor, coincido contigo.	*À la réflexion, je suis d'accord avec toi.*
Queriéndolo o no	*Que nous le voulions ou pas*

Hizo el trabajo deprisa y corriendo.
Il a fait son travail à la va vite.

Burla burlando, se salió con la suya.
Mine de rien, il a eu ce qu'il a voulu.

 **Il y a**

Hay, le présent du verbe **haber**, se décline à tous les temps et toujours à la 3ᵉ personne du singulier. Mais ce n'est pas la seule traduction de *il y a*.

> **Hace** est temporel, **hay** est spatial. **Estar** s'emploie avec l'article défini, les démonstratifs et possessifs. **Existe(n)** (= *il existe*), **se da(n)** (= *on rencontre*) et **hay** s'emploient avec les indéfinis.

Se dan algunos casos aislados.
Il y a quelques cas isolés.

Están los de siempre.
Il y a les mêmes que d'habitude.

Hubo, hay, habrá y seguirá habiendo problemas.
Il y a eu, il y a et il y aura toujours des problèmes.

Existen soluciones sencillas.
Il y a des solutions simples.

No creo que haya otra solución posible.
Je ne crois pas qu'il y ait une autre solution.

Si hay cualquier problema, lo dices.
S'il y a un problème, quel qu'il soit, tu le dis.

Si quieres, están estos ordenadores viejos.
Si tu veux, il y a ces vieux ordinateurs.

Hace un rato que espero.	Il y a un moment que j'attends.

▶ Expressions avec *il y a*

¡Hola! / ¿Qué hay?	Salut ! / Salut !
¿Qué pasa?	Qu'est-ce qu'il y a ?
¿Pasa algo?	Il y a un problème ?
¿Quién hay? ¿Quién va?	Il y a quelqu'un ? Qui va là ?
No hay por qué protestar.	Il n'a pas de raison de protester.
Hay quien prefiere abstenerse.	Il y en a qui préfèrent l'abstention.
Los hay que votan en blanco.	Il y en a qui votent blanc.
No había forma de convencerlos.	Il n'y avait pas moyen de les convaincre.
No hay derecho.	C'est inadmissible.
No hay más remedio.	Il n'y a pas le choix.
No hay mal que por bien no venga.	À quelque chose malheur est bon.
No hay más que hablar.	Il n'y a rien à dire.
Hay motivo para celebrarlo.	Il y a de quoi fêter ça.
No hay quien lo aguante.	Personne ne peut le supporter.
Las había nuevecitas.	Il y en avait des toutes neuves.
Ha surgido un percance.	Il y a un contretemps.
Es (como) para echarse a temblar.	Il y a de quoi frémir.
¡No es para menos!	Il y a de quoi !
¡No hay de qué! ¡Gracias!	Il n'y a pas de quoi ! Merci !

No es (como) para alegrarse.	Il n'y a pas de quoi se réjouir.
Basta con negarse.	Il n'y a qu'à refuser.
El que se pica, ajos come.	Il n'y a que la vérité qui blesse.

27. Imparfait

> Radical + *aba, abas, aba, ábamos, abais, aban* (verbes en *ar*), + *ía, ías, ía, íamos, íais, ían* (verbes en *er* et *ir*).
> 3 irréguliers : *ir, ser* et *ver*.
> Attention : la 1re et la 3e personne du singulier sont identiques.

Empezaba a cansarme.	Je commençais à fatiguer.
Yo creía que era verdad.	Je croyais que c'était vrai.
Todos lo creíamos así.	C'est ce que nous croyions tous.
¡Éramos pocos y parió la abuela!	C'est le pompon !
Veía que merecía la pena.	Je voyais que ça en valait la peine.
Íbamos con retraso.	Nous étions en retard.

28. Impératif

1re dificulté : le français a trois personnes à l'impératif (*tu, nous, vous*) et l'espagnol deux (***tú, vosotros***) mais, à l'inverse, le vouvoiement (***usted, ustedes***) n'existe pas en français.

2ᵈᵉ difficulté : l'espagnol n'emploie pas les formes de l'impératif pour la défense.

Attention aux irrégularités. (voir Présents indicatif et subjonctif et Verbes irréguliers)

> L'impératif n'existe qu'à la 2e personne (***tú*** et ***vosotros***), pour les autres (***nosotros***, ***usted***, ***ustedes***) on a recours au subjonctif présent. Impératif des verbes en ***ar*** : ***habla***, ***hablad***, en ***er*** : ***coge***, ***coged***, en ***ir*** : ***vive***, ***vivid***. Enclise des pronoms compléments. Impératif négatif : subjonctif présent à toutes les personnes et pas d'enclise des pronoms compléments.

¡Pase usted, señor!	*Passez, Monsieur !*
¡Acomódense, señores!	*Installez-vous, Messieurs !*
Veamos este expediente.	*Voyons ce dossier.*
¡Grita todo lo que puedas!	*Crie de toutes tes forces !*
¡No grites así, que no estoy sordo!	*Ne crie pas comme ça, je ne suis pas sourd !*
¡Hablad más bajo!	*Parlez moins fort !*
¡No me habléis con ese tono!	*Ne me parlez pas sur ce ton !*
No te preocupes.	*Ne t'en fais pas.*

> **Impératifs monosyllabiques :** ***decir*** (***di***), ***hacer*** (***haz***), ***ir*** (***ve***), ***poner*** (***pon***), ***salir*** (***sal***), ***ser*** (***sé***), ***tener*** (***ten***), ***venir*** (***ven***).

Di la verdad.	*Dis la vérité.*
Hazlo como es debido.	*Fais-le comme il faut.*
Ve a por pan.	*Va chercher du pain.*
No vayas a esa cita.	*Ne va pas à ce rendez-vous.*

Pon la mesa, si no te importa.	Mets la table, si tu veux bien.
¡No te pongas así!	Ne te mets pas dans cet état !
Sal de ahí.	Sors de là.
No salgas sin avisarme.	Ne sors pas sans m'avertir.
Sé bueno.	Sois gentil.
No seas paleto.	Ne sois pas plouc.
Tente a la barandilla.	Tiens-toi à la rampe.
No tengas miedo.	N'aie pas peur.
Ven cuando quieras.	Viens quand tu voudras.
No vengas después de la una.	Ne viens pas après une heure.

▶ Avec l'enclise du pronom complément **nos**, le **s** chute à 1re personne du pluriel, avec l'enclise du pronom **os** le **d** chute à la 2e personne du pluriel (sauf *idos* : partez).

¡Sentaos por favor!	Asseyez-vous, je vous prie !
Levantémonos.	Levons-nous.
Acordémonos de aquel consejo.	Souvenons-nous de ce conseil.
Acordaos de que no está de acuerdo.	Souvenez-vous qu'elle n'est pas d'accord.
Concedámonos un respiro.	Accordons-nous un répit.
Realicémonos también en la esfera privada.	Épanouissons-nous aussi dans le cadre de la vie privée.

Expressions avec l'impératif

¡Vivan los novios!	Vive les mariés !
¡Vamos!	Allons-y !
¡Oye! ¡Oiga!	Écoute ! Écoutez !
¡Venga, acepta!	Allez, accepte !
¡Vámonos!	Partons !
¡Vayamos por partes!	Une chose après l'autre !
¡Apaga y vámonos!	Baisse le rideau !
¡Déjalo estar!	Laisse tomber !
No se lo pierdan.	À ne pas manquer.
¡No fastidies!	Arrête tes conneries !
Haz bien y no mires a quien.	Bien faire et laisser dire.
Nunca digas que llueve hasta que truene.	Il ne faut pas vendre la peau de l'ours avant de l'avoir tué.
Divide y vencerás.	Diviser pour régner.
Piensa mal y acertarás.	Méfiance est mère de sûreté.
¡Lárgate!	Dégage !
¡Y dale!	Encore la même chanson !
¡No me digas!	Sans blague !
¡Oiga!	Allô ! (quand on appelle)
¡Dígame!	Allô ! (quand on reçoit un appel)
¿Que fuiste el primero?, ¡anda ya!	Tu as été le premier ? C'est ça !
¡Anda, di que sí!	Allez, dis oui !
¡Conque era él, ¡anda!	Alors c'était lui ! eh ben !

29. Indéfinis

> Omission de **un** devant **otro, semejante, tamaño, tal** (sauf avec nom de personne), **tan, tanto**. Elle n'est pas de rigueur avec **cierto, medio**. Pour traduire *certains* : **ciertos, as** + nom ou **algunos, as** seul.

Sería otro problema.	*Ce serait un autre problème.*
Ofrece un cierto interés.	*Ça présente un certain intérêt.*
Cierto día, me hiciste esa promesa.	*Tu m'as fait cette promesse, un jour.*
No se puede tolerar tal caradura.	*Un tel culot n'est pas admissible.*
No puede ser tamaña desfachatez.	*Un si grand sans-gêne n'est pas permis.*
No sé cómo se me ocurrió semejante disparate.	*Je ne sais pas comment j'ai pu avoir une idée semblable.*
Te llamó una tal Alex.	*Une certaine Alex t'a appelée.*
Te esperé media hora.	*Je t'ai attendu une demie heure.*
Lo dijiste con cierto retintín.	*Tu l'as dit avec un certain persiflage.*
Le atrae un cierto estilo de vida.	*Elle est attirée par un certain mode de vie.*
Ciertos vecinos se quejan.	*Certains riverains se plaignent.*
Algunos se quejan del ruido.	*Certains se plaignent du bruit.*

> **Cada** (invariable)

Me lavo el pelo cada dos días.	*Je me lave les cheveux tous les deux jours.*
Cada lunes acude a la cita.	*Chaque lundi il vient au RDV.*
Os doy a cada cual el vuestro.	*Je vous donne chacun le vôtre.*
Cada uno (una) sabe donde le aprieta el zapato.	*Chacun (chacune) connaît ses points faibles.*
Cada oveja con su pareja.	*Qui se ressemble s'assemble.*
Cada quisque (cada quien)	*Tout un chacun*
Cada uno por su cuenta	*Chacun de son côté*
Cada uno es cada uno.	*Chacun est comme il est.*
Cada lunes y cada martes	*À n'importe quelle occasion*

▶ ***Todo*** ne peut précéder un numéral en espagnol.

Todo argumento me sirve.	*Tout argument me sera utile.*
Fue todo un éxito.	*Ce fut un vrai succès.*
Todo eran murmuraciones.	*Ce n'étaient que médisances.*
Nos llevamos todos los pasteles que te apetezcan.	*Nous emportons tous les gâteaux qui te feront envie.*
Olivo y aceituno todo es uno.	*C'est bonnet blanc et blanc bonnet.*
Como todo hijo de vecino	*Comme tout un chacun*
No todo el monte es orégano.	*Tout ce qui brille n'est pas or.*
Todo lo contrario	*Bien au contraire*
No todo son problemas.	*Il n'y a pas que des problèmes.*
Fueron los tres.	*Ils y sont allés tous les trois.*

Se personaron ambas (las dos).	Elles se sont présentées toutes les deux.
Amigo de todos y de ninguno, todo es uno.	L'ami de tout le monde n'est l'ami de personne.

> ▶ **Cualquiera** : *n'importe qui, quiconque*. **Cualquier** + nom singulier : *n'importe quel(le), tout(e)*. Le pluriel **cualesquiera** est rare. Nom + **cualquiera** : *quelconque*. **Cualquiera que**, **cualesquiera que** + subjonctif : voir Quel que.

Contigo iría a cualquier parte.	J'irais n'importe où avec toi.
Estaré atento a cualesquiera sugerencias.	Je serai ouvert à toute suggestion.
Un vestido cualquiera	Une robe quelconque
Cualquier incidente que se produzca ha de ser registrado.	Il faut noter tout incident qui se produirait.
Di que me ausenté a cualquiera que se presente.	Dis que je me suis absenté à quiconque se présentera.
Cualesquiera que sean sus intenciones, le apruebo.	Quelles que soient ses intentions, je l'approuve.
Un cualquiera, una cualquiera, unos cualquieras.	Le premier venu, une femme quelconque, des gens de rien.
Me comería cualquier cosa.	J'avalerais n'importe quoi.
¡Cualquiera lo entiende!	Va comprendre ça !
Es una manera como otra cualquiera de demostrarlo.	C'est une façon comme une autre de le démontrer.
Cualquiera diría que lo acabo de planchar.	Personne ne dirait que je viens de le repasser.

▌ *Otro, ajeno, demás*

Piensa un poco en los demás.	*Pense un peu aux autres.*
Esos caprichos me son ajenos.	*Ces caprices me sont étrangers.*
Las preocupaciones ajenas te resbalan.	*Les soucis d'autrui glissent sur toi.*
Póngame otros tres.	*Mettez-en trois autres.*
Otros muchos	*Beaucoup d'autres*
Me hizo otro favor.	*Il m'a rendu un autre service.*
Los unos, los otros y los demás.	*Les uns, les autres et le reste des gens.*
Lo demás no importa.	*Le reste n'a pas d'importance.*
La otra cara de la moneda	*Le revers de la médaille*
Una cosa con otra, ha llegado la hora del balance.	*L'un dans l'autre, l'heure du bilan a sonné.*
Una cosa no quita la otra.	*L'un n'empêche pas l'autre.*
Se escaquearon uno tras otro.	*Ils se sont débinés les uns après les autres.*
Una que otra vez, no viene mal un descanso.	*De temps à autre, une pause ne fait pas de mal.*
Os lo repetía una y otra vez.	*Il vous le répétait inlassablement.*

▌ ***Mucho*** et ***poco*** s'accordent lorsqu'ils se rapportent à un nom, exprimé ou sous-entendu. ***Mucho*** est associé à un verbe ou un nom. ***Muy*** est suivi d'un adjectif, un participe passé ou un adverbe.

Hace muchísimo calor.	*Il fait très chaud.*
Sus muchas cualidades.	*Ses nombreuses qualités.*
Muchos lo creen así.	*Beaucoup sont de cet avis.*
Tuvimos muchas más averías con el coche nuevo.	*Nous avons eu beaucoup plus de pannes avec la nouvelle voiture.*
Mucho me temo que no dé la talla.	*Je crains fort qu'il ne soit pas à la hauteur.*
Me gusta mucho este icono.	*J'aime beaucoup cette icône.*
No es poca la rabia que tengo.	*J'en éprouve une rage certaine.*
Son pocas las oportunidades y muchos los aspirantes.	*Il y a peu de chances à saisir et de nombreux candidats.*
Tuve poca suerte.	*Je n'ai pas eu beaucoup de chance.*
Es poco más o menos lo que te decía.	*C'est à peu de choses près ce que je te disais.*
Me resultó muy interesante.	*J'ai trouvé cela très intéressant.*
Hay mucha manga ancha con el trabajo negro.	*On est trop coulant avec le travail au noir.*
Mucho ruido y pocas nueces.	*Beaucoup de bruit pour rien.*
Un chico de pocas palabras	*Un garçon réservé*
Un negocio de poca monta.	*Une affaire de peu d'envergure.*
Todo es poco para ellos.	*Rien n'est assez beau pour eux.*
¿Y te parece poca cosa?	*Et tu trouves que ce n'est rien ?*

> ***Bastante*** et ***demasiado*** s'accordent lorsqu'ils se rapportent à un nom exprimé ou sous-entendu.

Quedan bastantes cerámicas sin vender.	*Il y a pas mal de céramiques invendues.*
Es una chica bastante delgada.	*C'est une fille assez mince.*
Eres lo bastante joven como para ser mi hija.	*Tu es assez jeune pour être ma fille.*
Es lo bastante listo como para comprender.	*Il est assez intelligent pour comprendre.*
Soy demasiado viejo para estos trotes.	*Je suis trop vieux pour suivre ce rythme.*
Vinieron demasiadas personas.	*Trop de gens sont venus.*
Sois demasiados.	*Vous êtes trop nombreux.*
Está harto disgustada.	*Elle est fort mécontente.*
Tengo sobradas razones para creerlo.	*J'ai des raisons plus que suffisantes de le croire.*
Tienes sobrada razón.	*Tu n'as que trop raison.*

> ***Alguno, ninguno, algo, nada*** : *quelque, aucun, quelque chose, rien*. ***Algo, un tanto*** + adjectif = ***un poco***. ***Ninguno, a*** = ***no*** + verbe + nom + ***alguno, a***. (voir Apocope et Négation)

No queda ningún misterio.	*Il ne subsiste aucun mystère.*
Ninguna la oísteis.	*Aucune de vous ne l'entendit.*
Alguien lo sabrá.	*Quelqu'un doit savoir.*
Algún que otro premio.	*Un prix par-ci par-là.*

Es algo (un tanto) difícil.	C'est un peu difficile.
No es nada fácil.	Ce n'est pas facile du tout.
No es ninguna novedad.	Ça n'a rien de nouveau.
No es ningún águila.	Ce n'est vraiment pas un aigle.
Hay algo más.	Ce n'est pas tout.
Algo es algo.	C'est toujours ça.
No puede pasarte nada malo.	Rien de mauvais ne peut t'arriver.
Algo tengo que contestar.	Il faut bien que je réponde quelque chose.
Alguna pega pondrá.	Il émettra bien quelque objection.
Se me olvida alguna que otra vez.	Il m'arrive d'oublier (de temps à autre).
Me hicieron algunas preguntas.	On m'a posé quelques questions.

▶ *Mismo, propio*

Me dio permiso el mismo director.	Le directeur en personne m'a autorisé.
Se delató el propio culpable.	Le coupable lui-même s'est trahi.
Ingresó en el hospital por su propio pie.	Elle est entrée à l'hôpital par elle-même.
Lo mismo digo yo.	Comme vous dites.
El mismo que viste y calza	Lui-même, en personne
Estoy en las mismas.	J'en suis au même point.

Harás lo propio.	*Tu feras de même.*
Lo hizo por elección propia.	*Il l'a fait de son propre chef.*

● ***Unos pocos*** : un petit nombre de. ***Unos cuantos*** : un certain nombre de. ***Varios*** : plusieurs. ***Unos pocos*** + nom : quelques, une poignée. ***Cuanto (a, os, as)*** = ***todo (a, os, as) lo (el, la, los, las) que***.

Me dio unas pocas cerezas.	*Elle m'a donné quelques cerises.*
Se produjeron unos cuantos accidentes aquel día.	*Un certain nombre d'accidents eut lieu ce jour-là.*
Te facilitaré cuanta ayuda necesites.	*Je te fournirai toute l'aide dont tu auras besoin.*
(Todo) cuanto necesito recordar, está apuntado.	*Tout ce que j'ai besoin de me rappeler, est noté.*
Preguntaron a cuantos presenciaron el incidente.	*Tous ceux qui avaient assisté à l'incident furent interrogés.*
Oí varios pareceres.	*J'ai entendu plusieurs avis.*
Pretendía que había viajado a tantos y cuantos países.	*Il prétendait être allé dans je ne sais combien de pays.*

● ***Tal, igual, semejante, tanto***. Ne pas confondre ***tal como*** qui sert à donner des exemples avec ***tal y como*** (= ***así como***) qui exprime la manière. ***De tanto*** + infinitif : *à force de*. (voir Subordonnée de cause et Peut-être)

Lo haces todo con tal calma.	*Tu fais tout avec un tel calme.*
Tal y como se lo dije.	*Ainsi que je vous l'ai dit.*
Países tales como España	*Des pays tels que l'Espagne*

Te vas a quedar ronca de tanto gritar.	*Tu vas t'abîmer la voix à force de crier.*
No esperábamos tanta afluencia.	*Nous n'attendions pas une telle affluence.*
Son tal para cual.	*Ils font la paire.*
De tal palo tal astilla.	*Les chats ne font pas des chiens.*
Una tarde de tantas	*Un soir parmi tant d'autres*
Otro tanto le pasó a él.	*Il lui est arrivé la même chose.*
No es para tanto.	*Ce n'est pas si grave.*
Te apuntas un tanto.	*Tu marques un point.*
Volviste a las tantas.	*Tu es revenue à des heures impossibles.*
Todo sigue igual.	*La situation est inchangée.*
Me da igual.	*Ça m'est égal.*

30. Infinitif

▶ L'infinitif peut être substantivé avec les articles **el** (*le fait de*) et **un** (*une façon de*), le démonstratif **este** et le possessif **su**. Il est substantivé par des indéfinis dans des expressions lexicalisées. Le pluriel est possible avec les infinitifs qui sont devenus des noms à part entière.

El buen hacer	*Le savoir-faire*
El saber estar	*Le savoir-vivre*
El verlo con malos ojos me parece anticuado.	*Voir ça d'un mauvais œil me paraît vieux jeu.*

El comer y el rascar sólo es empezar.	*L'appétit vient en mangeant.*
En un abrir y cerrar de ojos	*En un clin d'œil*
Es un decir.	*C'est une façon de parler.*
Es mucho decir.	*C'est beaucoup dire.*
Tiene dares y tomares con la justicia.	*Elle a des démêlés avec la justice.*
Los pareceres están divididos.	*Les avis sont partagés.*
Tiene mal perder.	*Elle est mauvaise perdante.*
Tengo mal despertar.	*J'ai un réveil difficile.*
Estos andares no son graciosos.	*Cette démarche n'est pas belle.*
Este criticar sin motivo	*Cette façon de critiquer sans raison*
Aquel llorar incesante.	*Cette façon qu'elle avait de pleurer perpétuellement.*
Su no contestar es irritante.	*Sa façon de ne pas répondre est irritante.*
No me gusta tal proceder.	*Cette façon d'agir me déplaît.*
Será otro cantar.	*Ce sera une autre chanson.*
Acepté muy a mi pesar.	*J'ai accepté bien malgré moi.*
A mi entender, sí.	*À mon avis, oui.*

▶ L'infinitif permet des substitutions idiomatiques à certaines subordonnées. ***Al*** + infinitif = ***cuando, como, ya que. Con*** + infinitif = ***aunque. De*** + infinitif = ***si*** + imparfait du subjonctif. ***Nada más*** + infinitif = ***en cuanto. Por*** + infinitif = ***porque***.

Al entrar, saludé.	J'ai salué en entrant.
Al haberme avisado tú, pude reaccionar.	Comme tu m'avais averti, j'ai pu réagir.
Con comer mucho, no engorda.	Bien qu'il mange beaucoup, il ne grossit pas.
De hacerse el español con el título, lo celebraríamos.	Si l'Espagnol remportait le titre, nous fêterions ça.
Nada más cerrar el libro, me dormí.	Dès que j'eus refermé le livre, je m'endormis.
Eso te pasa por ser confiado.	Ce sont des choses qui t'arrivent parce que tu es crédule.

▶ ***Si*** + infinitif dans l'interrogation indirecte lorsque son sujet est le même que celui de la principale. ***Con*** + infinitif peut sous-entendre ***basta con*** : *il suffit de.* ***Sólo con*** + infinitif : *rien qu'à.* ***A no ser*** + infinitif : *à moins que.* ***Estar al*** marque l'imminence. ***Haber*** + participe passé exprime le reproche : *tu, vous (avoir pu).* ***Venga a, vuelta a*** + infinitif : *et aussitôt de, et de... encore.*
(Voir Addition, Subordonnée de cause et Subordonnée de temps)

A no ser que se disculpe, se ha tirado una plancha.	À moins qu'il ne s'excuse, il a commis un impair.
A no ser por él, nos perdíamos.	S'il n'avait pas été là, on se perdait.
No sé si quedarme.	Je ne sais pas si je reste.
Con decirle a usted que no tenía nada preparado, queda todo dicho.	Si je vous dis qu'il n'avait rien préparé, tout est dit.

Con leer esta nota, lo comprendes.	*Il suffit de lire cette note pour comprendre.*
Sólo con descansar, se cura uno.	*On guérit rien qu'en se reposant.*
Está al caer.	*C'est imminent.*
Están al llegar.	*Ils sont sur le point d'arriver.*
¡Y venga todos a protestar!	*Et tous aussitôt de protester !*
¡Vuelta a criticar!	*Et de critiquer encore !*
¡Haberlo dicho!	*Il fallait le dire !*
¡Haber hecho como yo!	*Vous n'aviez qu'à faire comme moi ! (Tu n'avais...)*

▶ *A* + infinitif est une forme d'impératif familier. Il peut indiquer la condition dans des expressions lexicalisées. On le retrouve dans certaines locutions. L'infinitif remplace familièrement l'impératif de 2e personne du pluriel.

¡Venga! ¡a estudiar!	*Allez ! au travail !*
A ver.	*Voyons voir.*
A ver si das con él.	*Espérons que tu le dénicheras.*
¡A seguir bien!	*Bonne continuation !*
¡A darte prisa!	*Allez, dépêche-toi !*
¡A vivir que son tres días!	*Carpe diem !*
¡A comer!	*À table !*
¡A dormir!	*Au lit !*
¡Comer más de prisa!	*Mangez plus vite !*

A decir verdad	À vrai dire
A poder ser	Si possible
A juzgar por sus declaraciones	Si l'on en juge par ses dires
A ser sincero	Pour être tout à fait sincère
Es creído a más no poder.	Il est prétentieux au possible.
He apretado a más no poder.	J'ai serré tout ce que j'ai pu.
Está lleno a rebosar.	C'est plein à craquer.
A todo meter	À plein gaz
Me trae a mal traer.	Elle m'en fait voir.
Aplaudieron a rabiar.	Ils ont applaudi à tout rompre.
Lo entrego mañana a más tardar.	Je le remets demain au plus tard.
Acepté muy a mi pesar.	J'ai accepté bien malgré moi.
A mi modesto entender, sí.	À mon humble avis, oui.
A mi parecer, es partidista.	À mon avis, il est de parti pris.

▶ Certaines expressions avec l'infinitif sont introduites par des prépositions.

Vivir para ver.	Qui vivra verra.
Por decirlo así	Pour ainsi dire
Habla por hablar.	Il parle pour ne rien dire.
Hay folletos para dar y tomar.	Il y a des brochures à revendre.
Tiene un humor de caerse.	Elle est on ne peut plus drôle.
Sin comerlo ni beberlo, me vi tesorero.	Sans que j'y sois pour rien, je me suis retrouvé trésorier.

▸ **Nom ou indéfini** + à + infinitif : ***a*** + infinitif. Cas particuliers : ***que*** en présence de ***haber*** ou ***tener***, ***por*** en présence de ***estar*** ou ***quedar***.
Attention aux expressions lexicalisées, à = servant à : ***de***.
▸ **Adjectif** + à + infinitif : ***de*** + infinitif.

Parece un problema fácil de resolver.	*C'est un problème qui paraît facile à résoudre.*
Un factor difícil de cuantificar	*Un facteur difficile à comptabiliser*
Es un balance a comprobar.	*C'est un bilan à vérifier.*
Me parece un trato a cerrar rápidamente.	*Il me semble que c'est un marché à conclure très vite.*
Una máquina de escribir	*Une machine à écrire*
Hay un detalle que comprobar.	*Il y a un détail à vérifier.*
Tengo cuatro cosas que decirte.	*J'ai certaines choses à te dire.*
Queda un piso por alquilar.	*Il reste un appartement à louer.*
Queda mucho camino por recorrer.	*Il y a encore du chemin à parcourir.*
Eso está por verse.	*Ça, c'est à voir !*
No tengo nada que añadir.	*Je n'ai rien à ajouter.*
Hay muchos puntos que aclarar.	*Il y a de nombreux points à éclaircir.*

▸ **Verbe** + *de* + infinitif en français : ne pas traduire *de* s'il est absent de la même construction avec un nom. Verbe + adjectif

+ *de* + infinitif en français, ne pas traduire *de* si l'infinitif peut devenir sujet de la phrase.

Elijo esta opción, elijo quedarme.	*Je fais ce choix, je choisis de rester.*
Intento esta prueba, intento superarla.	*Je tente cette épreuve, j'essaye de la passer avec succès.*
El libro trata de la salud, trata de convencerte.	*Le livre parle de la santé, il essaye de te convaincre.*
Resulta fácil resolver este problema (= Resolver este problema resulta fácil)	*Il est facile de résoudre ce problème*

 Interrogation

Que l'interrogation soit directe ou indirecte, pensez à inverser le sujet et à écrire l'accent sur les interrogatifs.

> ▶ Les points d'interrogation encadrent toute la phrase ou la partie concernée seulement. Dans ce cas l'interrogation peut débuter ou être suivie par une minuscule selon la ponctuation. Pour une phrase à la fois interrogative et exclamative : ¡?
> **Attention** à la traduction de quel : ***qué*** + nom ou ***cuál*** + verbe.

¿Qué se le ofrece?	*Que désirez-vous ?*
¿Quiénes se personaron?	*Qui s'est présenté ?*
¿Cuántas veces te lo dije?	*Combien de fois l'ai-je répété ?*

Para entonces, ¿cuáles quedarán libres?	Lesquelles seront encore libres à ce moment-là ?
Me alegro y, ¿hasta cuándo te quedas?	Je m'en réjouis, et jusqu'à quand restes-tu ?
¿Cómo es que estás aquí?	Comment se fait-il que tu sois là ?
¿A dónde quieres ir a parar?	Où veux-tu en venir ?
¿Para qué quiero yo un coche? Pues para vacaciones. (but)	Pourquoi est-ce que je veux une voiture ? Eh bien pour les vacances.
¿Por qué quiero un coche?, pues porque me cansé del tren (cause)	Pourquoi est-ce que je veux une voiture ? Eh bien parce que j'en ai assez du train.
¿Cuál quieres? ¿Cuál es tu preferida?	Lequel veux-tu ? Quelle est ta préférée ?
¿Qué camiseta prefieres?	Quel maillot préfères-tu ?

> ● Interrogation indirecte après **saber**, **ignorar**, **preguntar**... Temps et modes comme en français. Accent sur l'interrogatif.

Nunca sé a qué hora llegará el jefe ni si llegará.	Je ne sais jamais si le patron arrivera et à quelle heure.
Me pregunto por dónde pasa este riachuelo.	Je me demande par où passe cette petite rivière.
No sé por qué lo sacas a colación.	Je ne sais pas pourquoi tu ressors ça.
Desconozco cuáles eran sus verdaderas intenciones.	J'ignore quelles étaient ses véritables intentions.

Ignoro hasta qué punto piensas comprometerte.	J'ignore jusqu'à quel point tu comptes t'engager.
Ya veré cuándo me contesta.	Je verrai bien quand est-ce qu'il me répondra.

▸ Interrogations usuelles.
Attention au *que* sans accent qui n'est pas un interrogatif mais une forme d'insistance, de même *a que* sous-entend *apuesto a que* : je parie que.

¿A dónde ha ido a parar?	Où s'est-il retrouvé ?
¿Qué fue de ellos?	Que sont-ils devenus ?
¿Qué es de ti?	Qu'est-ce que tu deviens ?
¿A qué viene esto?	À quoi ça rime ?
¿A qué vienes a mi casa?	Que viens-tu faire chez moi ?
¿Cómo dijo usted?	Répétez un peu pour voir !
¿A quién le toca?	C'est à qui le tour ?
¿En qué quedamos?	Qu'est-ce qu'on décide ?
¿Qué le vamos a hacer?	Qu'est-ce qu'on y peut ?
¿Qué más da?	Qu'est-ce que ça peut faire ?
¿Qué se te da a ti?	Qu'est-ce que ça peut te faire ?
¿Qué pasa?	Que se passe-t-il ?
¿Qué tal?	Ça va ?
¿Y a mí qué?	Qu'est-ce que ça peut me faire ?
¿Y qué?	Et alors ?
¿Qué te apuestas?	On parie ?

¿Qué te apuestas a que se achanta?	Tu paries combien qu'il se dégonfle ?
¿A que no lo sabes?	Je parie que tu ne le sais pas.
¿Que os vais ya?	Quoi ! vous partez déjà ?
¿Le atienden a usted?	On s'occupe de vous ?
¿Le quitas o le das la razón?	Tu lui donnes tort ou raison ?
¿Tengo monos en la cara?	Tu veux ma photo ?
¿Se puede?	Je peux ?
¿Pasa algo?	Ça pose problème ?
¿Para qué engañarnos?	À quoi bon se leurrer ?

32. Mais

Mais se retrouve dans des formes d'opposition ou de restriction par rapport à une phrase affirmative ou négative.

> ● ***No... sino (que)*** : opposition de deux termes équivalents. Autre sens de ***No... sino*** : *ne... que*. À ne pas confondre avec ***si no*** + verbe (conditionnelle négative) ou ***si no*** (*sinon, autrement*).
> (voir Ne... que)

No tomo café sino descafeínado.	Je ne prends pas de café mais du décaféiné.
No tomo café si no no duermo.	Je ne prends pas de café, sinon je ne dors pas.
No tomo café si no es por la mañana.	Je ne prends pas de café si ce n'est le matin.

No hubo daños personales sino materiales.   Il n'y a pas eu de dommages aux personnes mais aux biens.

Prefiere no contestar sino callar.   Il préfère ne pas répondre et se taire.

Aún no me alegro sino que me espero a los resultados.   Je ne me réjouis pas encore, j'attends les résultats.

No soy sino un chapucero.   Je ne suis qu'un bricoleur.

▶ ***No sólo... sino también*** : non seulement mais encore

No sólo me gusta sino que me encanta, mola tu piso.   Non seulement il me plaît mais je l'adore, ton appartement est chouette.

▶ ***No... pero*** : négation puis précision

Nunea tomo café pero ponme un té.   Je ne prends jamais de café mais apporte-moi un thé.

No compré flores pero no vengo con las manos vacías.   Je n'ai pas acheté de fleurs mais je n'arrive pas les mains vides.

▶ ***No... pero sí ou sí... pero no*** : affirmation ou négation suivies d'une rectification (*mais en revanche*)

No compré flores pero sí traigo champán.   Je n'ai pas acheté de fleurs mais je ramène le champagne.

No estaré pero sí llamaré.   Je ne serai pas là mais je vous appellerai.

No es problema para mí pero sí para ellos.	*Ce n'est pas un problème pour moi mais c'en est un pour eux.*
Sí viene pero no se queda.	*Si, il vient mais il ne reste pas.*

▶ ***No... pero eso sí*** : idée de compensation

No di con las flores que querías pero eso sí, las tendrán mañana.	*Je n'ai pas trouvé les fleurs que tu voulais mais ils les auront demain.*

▶ ***Sí*** : emphase de l'affirmation, réponse à une phrase négative

Sí tengo derecho.	*Mais si j'ai le droit.*
Sí tengo con qué pagar.	*Mais si j'ai de quoi payer.*

▶ ***Si, pero si, (pero) si ya*** : exclamatif l'incrédulité, la protestation

¡Si te avisé ayer!	*Mais voyons je t'ai averti hier !*
Si no tengo más remedio.	*Mais c'est que je n'ai pas le choix.*
¡Si es mi asignatura predilecta!	*Au contraire, c'est ma matière préférée !*

▶ Autres formes d'opposition

Sin saberlo yo, me sacaron una foto.	*J'ai été pris en photo à mon insu.*
Fui sin que mis padres lo supieran.	*J'y suis allé sans que mes parents le sachent.*

Dímelo con calma en vez (en lugar) de ponerte nerviosa.	Dis-le moi calmement au lieu de t'énerver.
Al contrario de lo que pensábamos, es zurdo.	Contrairement à ce que nous pensions, il est gaucher.
Tú en cambio eres diestra.	Toi en revanche tu es droitière.
Eres manitas, ahora bien preciso a un profesional.	Tu es bricoleur, cela dit j'ai besoin d'un professionnel.

33. Même

> *Aun, incluso, hasta* ou *y todo* : *même* (adverbe). À la forme négative : *ni* (*siquiera*) + verbe, *no* + verbe + *siquiera* ou *ni nada* : *même pas*.

Aun insistió más.	Il a même insisté davantage.
Hasta me parece que se mofaba.	Il me semble même qu'elle se moquait.
Di incluso la vuelta a la manzana.	J'ai même fait le tour du pâté de maisons.
Lo felicitaron y todo.	Ils l'ont même félicité.
Tú ni siquiera te molestaste.	Tu ne t'es même pas dérangé.
Ni los mejores acertaron.	Même les meilleurs n'ont pas trouvé.
No le felicitaron ni nada.	Ils ne l'ont même pas félicité.

> **Confusions possibles** : *mismo* est un adjectif indéfini, *aún* avec accent = *todavía* (*encore*), *inclusive* précédé d'un nom (*y compris*).

Me compré las mismas.	J'ai acheté les mêmes.
¡Si es el mismo color!	Mais c'est la même couleur !
Te espero aquí mismo.	Je t'attends ici même.
Ahora mismo se pone.	Je vous le passe tout de suite. (tél.)
Mañana mismo lo entrego.	Je le remets demain même.
Aún no he pegado el ojo.	Je n'ai pas encore fermé l'œil.
Todavía es temprano.	Il est encore tôt.
¿Con descuento inclusive o exclusive?	Avec ou sans escompte ?

▶ Expressions avec *ni* (*siquiera*)

Ni te lo figuras.	Tu ne t'imagines même pas.
Ni caso.	Ne l'écoute pas.
Ni pagándome.	Il faudrait me payer cher.
Ni pensarlo.	N'y songe même pas.
Ni por asomo.	Pas le moins du monde.
Ni por sueños	Inutile de rêver
Ni hablar	Pas question
¡Ni loca!	Pas folle !
¡Ni muerta!	Il faudrait me passer sur le corps !
No dije ni mu.	Je n'ai pas soufflé mot.
No le puedo ni ver.	Je ne peux pas le sentir.
Ni mucho menos.	Tant s'en faut.
Ni que decir tiene.	Cela va sans dire.

¡No tengo ni idea!	Je n'en ai pas la moindre idée !
No tiene ni color.	C'est incomparable.
¡Ni se te ocurra!	Surtout pas !

34. Modifications verbales

Le principe est simple : la forme conjuguée doit conserver le son de l'infinitif. Les règles connaissent quelques rares exceptions comme **cocer**, cuire (**cuezo** : je cuis), **mecer**, bercer (**mezo** : je berce).

Infinitif en	Modification
car	*c* en *qu* devant *e*
quir	*qu* en *c* devant *o*, *a*
voyelle + **cir, cer**	*zc* devant *a*, *o*
consonne + **cer, cir**	*c* en *z* devant *a*, *o*
gar	*g* en *gu* devant *e*
ger, gir	*g* en *j* devant *a*, *o*
guir	chute du *u* devant *a*, *o*
guar	*gu* en *gü* devant *e*
zar	*z* en *c* devant *e*
eer, uir	*i* devient *y* entre 2 voyelles
ñer, ñir, ullir	chute du *i* au passé simple, imparfait du subjonctif, gérondif
eír	verbes de type **pedir** dont le *i* du radical des personnes irrégulières se fond avec le *i* initial des terminaisons.

Le hinqué el diente. (hincar)	*Je m'y suis attaqué.*
Es importante que no delincan de nuevo. (delinquir)	*Il est important qu'ils ne commettent pas de nouveau délit.*
Te compro lo que te apetezca (apetecer)	*Je t'achète ce qui te fera envie.*
Te conduzco a él. (conducir)	*Je te conduis jusqu'à lui.*
Zurzo los calcetines.	*Je reprise les chaussettes.*
¡Que le zurzan!(zurcir)	*Qu'il aille au diable !*
No creo que lo venzan.(vencer)	*Je ne crois pas qu'on le vaincra.*
Cargué con todo el trabajo.	*Je me suis payé tout le travail.*
Puede que surja una idea.	*Il se peut qu'une idée germe.*
¿Te recojo en la estación? (recoger)	*Je vais te chercher à la gare ?*
Siga con esa dinámica, señor. (seguir)	*Continuez sur cette voie, Monsieur.*
No nos agües la fiesta.	*Ne nous gâche pas la fête.*
Espero a que mengüe el calor para salir (menguar)	*J'attends que la chaleur diminue pour sortir.*
Rocé el éxito. (rozar)	*J'ai frôlé le succès.*
Lo leyeron en voz alta. (leer)	*Ils l'ont lu à voix haute.*
Estás rehuyendo las preguntas. (rehuir)	*Tu fuis les questions.*
Concluyó con un chiste. (concluir)	*Elle a conclu sur un bon mot.*
Tañeron las campanas. (tañer)	*Les cloches sonnèrent.*

Riñendo siempre, no se va a ninguna parte. (reñir)	*Toujours gronder ne mène à rien.*
Le frieron a preguntas. (freír)	*Ils l'ont bombardé de questions.*
Estás sonriendo.	*Tu souris.*
Me gustas que rías.	*J'aime bien te voir rire.*
Si nunca riéramos, no sería saludable.	*Si nous ne riions jamais, ce ne serait pas bon pour la santé.*

 Moitié

L'Espagnol ne se demande pas si la bouteille est à moitié vide ou à moitié pleine, il dit ***una botella mediada...*** Et pour commander un demi : ***¡una caña, por favor!*** Pour le reste, quelques règles sont utiles.

> ▶ *À moitié, à demi* : verbe + ***a medias*** ; ***medio*** + adjectif, participe passé, locution ou gérondif ; ***a medio*** + infinitif ; ***mitad*** + nom.

Están medio locas.	*Elles sont à moitié folles.*
Lo dice medio en broma medio en serio.	*Elle dit à moitié sérieusement et à moitié pour plaisanter.*
Lo dijo medio refunfuñando.	*Elle s'est excusée en grommelant à moitié.*
Se disculpó a medias.	*Elle s'est excusée à moitié.*
Vamos a medias.	*On fait moitié moitié.*
Está a medio acabar.	*C'est à moitié fini.*
Acude mitad por simpatía mitad por educación.	*Il y va à moitié par sympathie, à moitié par politesse.*

Llené el vaso por la mitad.	*J'ai rempli le verre à moitié.*
Voy por la mitad del trabajo.	*J'ai fait la moitié du travail.*
A la mitad del camino, cortó limones.	*À mi-chemin, il coupa des citrons.*
Se lo dejo a mitad de precio.	*Je vous le fais à moitié prix.*

> ● Mi... mi : **entre... y**. Un(e) demi(e) + nom : **medio, a** + nom ou article + **semi** + certains noms. **Semi** + adjectif est plus fréquent en espagnol.

Te miraba entre divertido y extrañado.	*Il te regardait mi-amusé, mi-intrigué.*
Entre la confianza y el recelo	*À mi-chemin entre la confiance et la défiance*
Dame media ración.	*Donne-moi une demi-part.*
Vas a esperar entre media hora y hora y media.	*Tu vas attendre de une demi-heure à une heure et demie.*
Me quedaré una media hora.	*Je resterai environ une demie heure.*
La semifinal	*La demi-finale*
Un semicírculo	*Un demi-cercle*
Un semidiós	*Un demi-dieu*
Un semirremolque	*Un semi-remorque*
Está semidormido.	*Il est à moitié endormi.*
Están semidestruidas.	*Elles sont à demi détruites.*
Una verdad semioculta	*Une vérité à demi cachée*
Una piedra semipreciosa	*Une pierre semi-précieuse*

36. Ne... que

Pour traduire le français *ne... que*, ***sólo*** sera toujours correct mais vous pouvez moduler selon la nuance requise.

sólo	correct dans tous les cas
no... más que	quantité, qualité
no... sino	manière ou style soutenu
no... antes de, no... hasta	temporel

Sólo te pido un último esfuerzo.	*Je te demande juste un dernier effort.*
No quiero más que gaseosa.	*Je ne veux que de la limonade.*
No dices más que bobadas.	*Tu ne dis que des bêtises.*
No quedan más que tres.	*Il n'en reste que trois.*
No puede estudiar sino con la radio puesta.	*Il ne peut travailler qu'avec la radio allumée.*
Estimados alumnos, ya no nos vemos hasta el lunes.	*Chers élèves, nous ne voyons plus que lundi.*
No le veré antes de dos meses.	*Je ne le verrai que dans deux mois.*

▶ Autres formes de la restriction. Ne pas confondre ***por poco que***, ***a poco que*** + subjonctif (*pour peu que*) et ***por poco*** + présent de l'indicatif (*faillir*).

Dame siquiera un euro para comer.	*Donne-moi ne serait-ce qu'un euro pour manger.*

No vengas, no sea que te contagie la gripe.	Ne viens pas, il ne s'agirait pas que je te passe ma grippe.
Como no sea que vayamos a nado...	À moins d'y aller à la nage...
A no ser que se te ocurra algo, estamos perdidos.	À moins que tu n'aies une idée, nous sommes fichus.
No sé nada si no es que está nombrado.	Je ne sais rien si ce n'est qu'il a été nommé.
Salvo que estés enfermo.	Sauf si tu es malade.
Fueron los dos excepto que él no se bajó del coche.	Ils y sont allés tous les deux sauf que lui n'est pas descendu de voiture.
No estoy de acuerdo y menos si vas sola.	Je ne suis pas d'accord et encore moins si tu y vas seule.
No puedo menos que sumarme a esa iniciativa.	Je ne peux que souscrire à cette initiative.
A menos que prefieras lo contrario.	À moins que tu ne préfères le contraire.
A poco que lo cates, comprobarás que está agrio.	Pour peu que tu le goûtes, tu constateras qu'il est aigre.
Por poco me caigo.	J'ai failli tomber.

Négation et affirmation

L'espagnol marque comme le français la négation avec **no** + verbe mais peut aussi renforcer l'affirmation avec **sí** + verbe (*bel et bien, vraiment*), **sí que** (emphase). ***Sí que estamos apañados*** : *nous voilà vraiment dans de beaux draps.* **Sí**

quiero pero me resulta imposible : je le souhaite bel et bien mais cela m'est impossible. ***Él sí quiere*** : Lui, il veut bien. (voir Mais)

- Double construction des mots négatifs : ***no*** + verbe + mot négatif ou mot négatif + verbe. Mettre le mot négatif en tête le renforce. **Attention** à ***ni*** qui peut être la conjonction de coordination ***ni*** (ni) ou ***ni (siquiera)*** (même pas). Gradation dans la traduction de jamais : ***nunca, jamás, nunca jamás, en la vida***. ***Ninguno, a*** = ***no*** + verbe + nom + ***alguno, a*** : aucun.

No tiene trabajo siquiera = ni (siquiera) tiene trabajo.	Il n'a même pas de travail.
No se lo confesaría en la vida = en la vida se lo confesaría.	Jamais de la vie je ne lui avouerais ça.
Yo tampoco creo que vaya, como tampoco irías tú.	Moi non plus je ne crois pas que j'irai, pas plus que tu n'irais toi.
No me fastidia en absoluto.	Ça ne m'embête pas du tout.
Para nada quiero que te vayas.	Je ne veux pas du tout que tu partes.
Nunca jamás haría eso.	Jamais au grand jamais je ne ferais ça.
Nadie se atrevió a hablar.	Personne n'a osé parler.
No hay ningún problema = no hay problema alguno.	Aucun problème.

- Expressions avec ***no***

¡Di que sí (di que no)!	Je veux ! (tu as raison)
No digo ni que sí ni que no.	Je ne dis ni oui ni non.

Por un sí es no es	*Pour tout et pour rien*
El no va más	*Le nec plus ultra*
El punto de no retorno	*Le point de non retour*
No admite peros.	*Ça ne se discute pas.*
No es de extrañar.	*Ce n'est pas étonnant.*
No es por decir.	*Ce n'est pas pour dire.*
No es precisamente un truco.	*Ce n'est pas vraiment un truc.*
No es problema.	*Ce n'est pas un problème.*
No hay problema.	*Pas de problème.*
No funciona.	*Ça ne marche pas.*
No le falta razón a usted.	*Vous n'avez pas tort.*
No lo puedo remediar.	*C'est plus fort que moi.*
No me cabe la menor duda.	*Je n'en doute pas.*
No me lo creo.	*Je n'y crois pas.*
No me suena ese nombre.	*Ce nom ne me dit rien.*
No hace falta.	*Ce n'est pas la peine.*
No merece la pena.	*Ça n'en vaut pas la peine.*
No pasa nada.	*Ce n'est rien.*
No quita que me alegro.	*Il n'empêche que je suis content.*
No se justifica.	*Ce n'est pas justifié.*
No te lo discuto.	*Je ne te dis pas le contraire.*
No viene al caso.	*La question n'est pas là.*
No se ganó Zamora en una hora.	*Paris ne s'est pas fait en un jour.*

▶ Expressions avec des mots négatifs. ***Nada de*** : *pas (question) de,*
nada menos que : *pas moins de.*

A nadie se le oculta que...	*Ce n'est un secret pour personne que...*
Es el cuento de nunca acabar.	*C'est à n'en plus finir...*
¡Nada de estrés!	*Stop au stress !*
¡Nada de meterte!	*Pas question de t'en mêler !*
Nada de deportes violentos, dijo el médico.	*Pas de sports violents, a dit le docteur.*
Nada más.	*C'est tout ; rien d'autre.*
Por nada del mundo	*Pour rien au monde*
No le conozco de nada.	*Je ne le connais ni d'Ève ni d'Adam.*
Nada menos que cien testigos	*Pas moins de cent témoins*
¡Nunca mejor dicho!	*C'est le cas de le dire !*
Poca o ninguna legitimidad.	*Peu ou pas de légitimité.*
¡Que nadie se llame a engaño!	*Ne nous y trompons pas !*
Nadie te ha dado vela en este entierro.	*On ne t'a pas sonné.*
Un don nadie	*Un minable*
Ningunearon mi propuesta.	*Ma proposition fut ignorée.*

38. Numération

Million	***millón***	S'accorde en nombre
Mille	***mil***	Invariable
Cent	***cien*** ***ciento*** de 101 à 199	Invariable
Centaines	***doscientos, trescientos, cuatrocientos, quinientos, seiscientos, setecientos, ochocientos, novecientos***	Toujours au pluriel S'accordent en genre
Dizaines	***veinte, treinta, cuarenta, cincuenta, sesenta, setenta, ochenta, noventa***	Invariables Reliées aux unités par ***y*** (en un mot de 16 à 29)
Unité	***uno***	Toujours au singulier S'accorde en genre Apocope devant nom masculin
Unités	***dos, tres, cuatro, cinco, seis, siete, ocho, nueve***	Invariables

De treinta y un candidatos, veintiuno aprobaron. — *Sur 31 candidats, 21 furent reçus.*

Cuarenta y una colegialas — *41 écolières*

El siglo dieciocho — *Le XVIIIe siècle*

Los sesenta — *Les années 60*

Un libro de quinientas páginas — *Un livre de 500 pages*

Desde ciento uno hasta ciento noventa y nueve — *Depuis 101 jusqu'à 199*

Se repartieron cien mil octavillas	*100 000 tracts furent distribués.*
Llegué a mil cien en el recuento.	*Je suis arrivé à 1 100 dans le dépouillement.*
Dos millones trescientas mil ciento una papeletas	*Deux millions trois cent mille cent un bulletins de vote*

▶ Expressions chiffrées

Es un cero a la izquierda.	*C'est une nullité.*
Prefiero partir de cero.	*Je préfère commencer à zéro.*
Una de dos	*De deux choses l'une*
En un dos por tres	*En moins de deux*
Un número con tres guarismos	*Un nombre à trois chiffres*
Cada dos por tres	*À tout bout de champ*
Uno (un alumno) de cada dos	*Un (un élève) sur deux*
Un día sí y un día no	*Un jour sur deux*
Doce estudiantes de treinta como había.	*Douze étudiants sur trente qu'ils étaient.*
Como que dos y dos son cuatro.	*Aussi vrai qu'il fait jour à midi.*
A la tercera va la vencida.	*La troisième fois sera la bonne.*
No lo logro ni a la de tres.	*Je n'y arrive pas.*
No busques tres pies al gato.	*Ne cherche pas midi à 14 h.*
De tres al cuarto	*À six sous*

Éramos cuatro gatos.	*Nous étions trois pingouins.*
Me soltó cuatro frescas.	*Elle m'envoya une insolence.*
Choca esos cinco.	*Tope-là.*
Sabe más que siete.	*Il en sait long.*
Está de veinticinco alfileres.	*Il est tiré à quatre épingles.*
Lo mismo da ocho que ochenta.	*C'est kif-kif.*
Sigue en sus trece.	*Elle campe sur ses positions.*
Le cantaré las cuarenta.	*Je lui dirai ses quatre vérités.*
Vienen a cientos.	*Ils viennent par centaines.*
Cientos de personas se congregaron.	*Des centaines de personnes se rassemblèrent.*
Recogieron las firmas de miles de personas.	*On recueillit la signature de milliers de personnes.*
Me da cien patadas.	*Ça me reste en travers de la gorge.*
Me pone a cien.	*Ça m'énerve au plus haut point.*
Les da ciento y raya.	*Elle les bat tous.*
Éramos ciento y la madre.	*Nous étions une foule de gens.*
A las mil y quinientas	*À des heures impossibles*
Por enésima vez	*Pour la énième fois*
Le dices que llegarás el día tantos y punto.	*Tu lui dis que tu arriveras tel jour, point final.*

39. Obligation impersonnelle : il faut

Hay que est au présent, pour les autres temps, conjuguez *Haber*. *Hay que* est obligatoirement suivi de l'infinitif. Pour traduire *il faut que* + verbe conjugué : ***es preciso***, ***es necesario***, ***hace falta que*** + subjonctif.

- *Hay que* + infinitif (cas général), ***ser necesario*** (nécessité), ***ser preciso***. (règle, horaire, programme), ***hacer falta*** (besoin, manque), ***se ha de*** (convenance, bienséance) + infinitif. ***Tiene que*** + infinitif d'un verbe impersonnel.

Hay que ayudar al prójimo.	Il faut aider son prochain.
Se ha de pensar antes de actuar.	Il convient (on se doit de) de réfléchir avant d'agir.
Habrá que terciar en el debate.	Il faudra intervenir dans le débat.
Es necesario comprobarlo.	Il faut le vérifier.
Hace falta beber mucho en verano.	Il faut boire beaucoup en été.
Es preciso llegar a las ocho.	Il faut arriver à huit heures.
A la fuerza tiene que haber una solución pero ¿cuál?.	Il doit forcément y avoir une solution mais laquelle ?
Tiene que llover ya.	Il faut qu'il pleuve sans tarder.
Hace falta que te alguien te ayude con las mates.	Il faut que quelqu'un t'aide en maths.

- ***No hay que*** et ***no se ha de*** (convenance) + infinitif sont les seules formes négatives d'obligation impersonnelle. ***No hace falta***, ***no*** *es necesario*, *no es preciso* + infinitif. ou *que* + subjonctif : *il est inutile, il n'est pas nécessaire.*

Tampoco hay que pasarse.	*Il ne faut pas exagérer non plus.*
No se ha de llevar flores a un enfermo.	*Il ne faut pas porter de fleurs à un malade.*
No hace falta que nadie me ayude.	*Je n'ai besoin de l'aide de personne.*
No hace falta gritar, no estoy sordo.	*Inutile de crier, je ne suis pas sourd.*
No es necesario que vengáis también.	*Il n'est pas nécessaire que vous veniez vous aussi.*

40. Obligation personnelle : devoir

▸ *Tener que* : nécessité extérieure (objectivité réelle ou renforcée).
Deber : obligation assumée par le sujet (opinion subjective).
Haber de : valeur de futur, destin, convenance, accord, programme, instructions.

Me llamaron, tengo que regresar.	*J'ai été appelé, je dois revenir.*
Debo reaccionar sin demora.	*Je dois réagir sans délai.*
Debe quedarse junto a los suyos.	*Il se doit de rester auprès des siens.*
He de mantenerlo secreto.	*Je dois garder le secret.* (instructions)

Hubo de cuidar de su ahijado.	Il dut s'occuper de son filleul. (être appelé à)
Has de comprender que lo hago por tu bien.	Tu dois comprendre que je fais cela pour ton bien. (il convient)
Aquel chico había de ser campeón olímpico.	Ce garçon devait être un jour champion olympique. (destin)
Habrán de deponer las armas en el plazo de un año.	Ils devront déposer les armes dans un délai d'un an. (il est convenu)
El presidente ha de dirigirse a la nación a las cuatro.	Le président doit s'adresser au pays à 16 h. (il est prévu)
Esta prenda ha de lavarse por separado.	Ce vêtement doit être lavé séparément. (instructions)

 On

▶ **Cas général :** *Se* + 3e personne du singulier + nom singulier, ou nom pluriel précédé d'une préposition. *Se* + 3e personne du pluriel + nom pluriel. Un COD ne désignant pas des personnes peut être individualisé par la préposition *a*. À l'inverse, on peut ne pas vouloir individualiser un groupe de personnes. *Se les, las, nos, os* + verbe singulier (+ adjectif pluriel).

Aquí se habla español.	Ici on parle l'espagnol.
Se venden pisos	Appartements à vendre
Se ve a los clientes desde aquí. (préposition)	D'ici on voit les clients.

Se cuentan niños entre las víctimas.	*On compte des enfants parmi les victimes.*
Se cuenta <u>con</u> los mejores profesionales. (préposition)	*On compte les meilleurs professionnels.*
Se vacuna <u>a</u> los animales.	*On vaccine les animaux.*
Se ven muchos visitantes en julio.	*On voit beaucoup de visiteurs au mois de juillet.*
Se puede comprender sus argumentos.	*On peut comprendre ses arguments.*
Se <u>os</u> nota impacientes por llegar.	*On vous sent impatients d'arriver.*
Se <u>las</u> ve en el teatro.	*On les voit au théâtre.*
Se ven los críticos en el teatro.	*Les critiques se voient au théâtre.*
Se ve a los críticos en el teatro.	*On voit les critiques au théâtre.*

▶ 3e personne du pluriel : ni toi, ni moi, quelqu'un, les gens. ***Tú*** : *on* = tu, vous. ***Nosotros*** : *on* = nous (sujet).

Llaman a la puerta.	*On a frappé.*
Me dieron calabazas.	*J'ai essuyé un refus.*
El coche te hace favores.	*La voiture vous rend service.*
Cuanto más andas, mejor.	*Plus on marche, mieux c'est.*
Vamos al cine los sábados.	*On va au cinéma le samedi.*
¡Parece ser que aprobamos!	*Alors il paraît qu'on a réussi ?*
¡Conque tomándose una copita!	*Alors, on boit un petit verre ?*

- ***Uno, una*** : *on* = je + valeur généralisante, *on* = nous (complément). ***Uno*** + verbe pronominal ou verbe + possessif

Una está harta de esperar el dichoso autobús cada día.	On en a marre d'attendre ce satané bus tous les jours.
Luego le dicen a uno que llega tarde.	Après on nous dira qu'on est en retard.
Una sola no puede.	On n'y arrive pas tout seul.
Uno mismo puede arreglarlo.	On peut réparer ça soi-même.
Uno se pregunta por qué.	On se demande pourquoi.
Uno prefiere su coche al metro.	On préfère sa voiture plutôt que le métro.

42. Participe passé

- La proposition participe (participe passé + nom auquel il s'accorde) a une valeur d'antériorité. Le participe passé est éventuellement précédé de ***una vez*** ou ***después de*** (temps) ou de ***si bien***, ***aunque*** (concession).

Una vez sentados los principios, empezaremos.	Les principes ayant été établis, nous commencerons.
Dadas las circunstancias	Étant donné les circonstances
Hecha esta salvedad	Cette réserve étant faite
Herido su jefe de gravedad, los demás se rindieron.	Leur chef étant gravement blessé, les autres se rendirent.
(una vez) Acabada la fiesta, se marcharon.	Une fois la fête terminée ils partirent.

Conocidos estos datos, ¿qué opina usted? — *Ces données étant connues, quel est votre avis ?*

- **Participe passé régulier :** radical + ***ado*** (verbes en ***ar***), ***ido*** (verbes en ***er*** et en ***ir***).
Attention aux nombreux composés des participes passés irréguliers.

¡Está abierto! (abrir) — *C'est ouvert !*

Las plazas están cubiertas. (cubrir) — *Les postes vacants sont pourvus.*

Dicho sea de paso, nos jugó una mala pasada. (decir) — *Soit dit en passant, il nous a joué un sale tour.*

Fue escrito desde Madrid. (escribir) — *Il a été écrit de Madrid.*

¡Eso está hecho (hacer)! — *C'est comme si c'était fait !*

Puso cara de quien nunca ha roto un plato. (romper) — *Il prit l'air innocent de l'agneau qui vient de naître.*

A tenor de lo visto, cambió de rumbo. (ver) — *Au vu de la situation, il changea de cap.*

No le he vuelto a ver hasta hoy. (volver) — *Je ne l'ai plus revu jusqu'à aujourd'hui.*

Me he puesto las botas. (poner) — *J'ai mis mes bottes (Je me suis empiffré).*

Ha descubierto el pastel. (descubrir) — *Il a découvert le pot aux roses.*

Estoy satisfecha. (satisfacer) — *Je suis satisfaite.*

- **Doubles participes passés :** participe passé régulier avec ***ser*** et ***haber***, adjectif irrégulier avec un nom et selon le cas avec ***estar*** ou un autre verbe. Une liste exhaustive des adjectifs irréguliers est inutile, certains ne s'employant plus du tout, d'autres n'étant plus perçus comme tels.

El trabajo le ha absorbido; está absorto en su trabajo.	*Le travail l'a absorbé ; il est absorbé dans son travail.*
Ha atendido a sus clientes. Está atento. Es atento.	*Il s'est occupé de ses clients. Il est attentif. Il est attentionné.*
Fue bendecido por sus padres; bendita ocasión.	*Il fut béni par ses parents ; occasion bénie.*
Me has confundido; estoy confuso.	*Tu m'as induit en erreur ; je suis confus.*
Fue corrompido por el narcotráfico; un político corrupto.	*Il a été corrompu par le trafic de drogues ; un politicien corrompu.*
Me he despertado; estoy despierto.	*Je me suis réveillé ; je suis réveillé.*
Me han eximido; estoy exento de impuesto.	*On m'a exempté ; je suis exempté d'impôt.*
He fijado el cartel; está fijo.	*J'ai fixé l'affiche ; elle est fixée.*
Las has freído; las patatas fritas; estoy frito.	*Tu les as fait frire ; les frites ; je suis furieux.*
Me ha hartado; estoy harto.	*Ça m'a gavé ; j'en ai assez.*
Lo he insertado; va inserto.	*Je l'ai inséré ; il est inséré.*
Los hemos juntado; viven juntos.	*Nous les avons réunis ; ils vivent ensemble.*
Fueron maldecidos por un hechizo ; un poeta maldito.	*Ils furent maudits par un sort ; un poète maudit.*

Ya ha nacido; es un escritor nato.	Il est déjà né ; c'est un écrivain né.
Se han marchitado las flores; están marchitas.	Les fleurs se sont fanées ; elles sont fanées.
He ocultado la verdad; yace oculta.	J'ai occulté la vérité ; elle est enfouie.
Ha presumido de listo; el presunto culpable.	Il s'est cru malin ; le coupable présumé.
He omitido decirlo; hice caso omiso de tus consejos.	J'ai omis de le dire ; j'ai fait abstraction de tes conseils.
Lo han soltado; anda suelto.	On l'a relâché ; il est dans la nature.
Les han proveído de lo necesario; las plazas están provistas.	On leur a fourni lé nécessaire ; les places sont pourvues.
Le han recluido en la cárcel; la población reclusa.	On l'a enfermé en prison ; la population carcérale.
Lo hemos sujetado; está bien sujeto; está sujeto a condiciones.	Nous l'avons tenu ; il est bien fixé ; il est assujetti à des conditions.

▶ ***Haber*** + participe passé (invariable) insiste sur l'action. ***Tener*** + participe passé (accord avec le COD) insiste sur le résultat. ***Quedar*** (passif) + participe passé (accord avec le sujet) et ***dejar*** (actif) + participe passé (accord avec le COD), parlent du résultat, de la conséquence d'une action.

La cosa está esclarecida.	L'affaire est tirée au clair.
Tengo hechos los deberes.	Mes devoirs sont faits.
Las copas que han roto.	Les coupes qu'ils ont brisées.

Dejó escrita una nota.	*Il laissa une note écrite.*
La tarea quedó finalizada.	*Le travail fut terminé.*

▶ Expressions avec des participes passés

Las idas y vueltas	*Les allées et venues*
Asumida esta cuestión, veamos el siguiente punto.	*Cette question étant entendue, voyons le point suivant.*
Barajamos las soluciones habidas y por haber.	*Nous avons envisagé toutes les solutions possibles et imaginables.*
Visto lo visto	*Vu la situation*
Dicho lo dicho	*Cela étant dit*
Visto y no visto (Calisto).	*Ni vu ni connu (je t'embrouille).*
Por lo visto acepta.	*Apparemment elle accepte.*
Habida cuenta de que	*Si l'on tient compte du fait que*
Dicho de otro modo	*Autrement dit*
Dicho y hecho.	*Aussitôt dit aussitôt fait.*
Lo dicho, dicho (está).	*Ce qui est dit.*
Con eso queda todo dicho.	*C'est tout dire.*
Trato hecho	*Affaire conclue*
A lo hecho pecho.	*Ce qui est fait est fait.*
Del dicho al hecho hay un gran trecho.	*Il y a loin de la coupe aux lèvres.*
Hecha la ley, hecha la trampa.	*La loi est faite pour être détournée.*
Puestos a hablar, hablemos.	*Parlons puisqu'il le faut.*
Puestos así	*Tant qu'à faire*

Es un tema muy traído y llevado.	C'est un sujet rebattu.
Bien mirado, cabe el sí.	Tout bien considéré, il est possible de répondre par l'affirmative.
Es muy mirado.	Il est très regardant.
Entrado en años	D'un âge avancé
Ya andado mayo	Le mois de mai étant bien avancé
El día menos pensado	Le jour où l'on s'y attend le moins
A rey muerto, rey puesto.	Le roi est mort, vive le roi.

Passé simple et subjonctif imparfait

La 3e personne du pluriel du passé simple fournit le radical de l'imparfait du subjonctif pour les réguliers et les irréguliers, c'est pourquoi ces deux temps sont présentés ensemble. Accent écrit sur la 1re et la 3e personne du singulier pour tous les passés simples sauf les parfaits forts. (voir aussi Accentuation, Verbes irréguliers et Modifications verbales)

> **Passé simple régulier :** radical + *é, aste, ó, amos, asteis, aron* pour les verbes en *ar* ; *í, iste, ió, imos, isteis, ieron* pour les verbes en *er* et *ir*.
> **Attention** à la 1re personne du pluriel, identique au présent de l'indicatif pour les verbes en *-ar* et en *-ir*.

Insististe demasiado.	Tu as trop insisté.
Alertaron a la población.	Ils ont alerté la population.

Me lo inventé todo.	*J'ai tout inventé.*
Ganamos cinco medallas.	*Nous avons gagné cinq médailles.*
¿Cómo sacasteis la conclusión?	*Comment en êtes-vous arrivé à cette conclusion ?*
Pidió la cuenta.	*Il a demandé l'addition.*

> **Parfaits forts et leurs composés :** retenez chaque radical puis les terminaisons communes (***e, iste, o, imos, isteis, eron ou ieron***).
> **Attention** à la 3e personne du pluriel : ***eron*** pour les verbes à la 1re personne en ***-je, ieron*** pour les autres. Les verbes en ***-ducir*** suivent le modèle en ***je***. Jamais d'accent écrit.

Anduve unos trecientos metros. (andar)	*J'ai marché sur trois cents mètres environ.*
No cupimos todos en el coche. (caber)	*Nous n'avons pas tous tenu dans la voiture.*
Le dije que tenía ya un compromiso. (decir)	*Je lui ai dit que j'avais déjà pris un autre engagement.*
Estuve esperándote en balde ayer. (estar)	*Je t'ai attendu en vain hier.*
Cuando se hubo afeitado, se duchó (haber).	*Quand il se fut rasé, il prit sa douche.*
¡La hicisteis buena!	*Vous en avez fait de bonnes !*
No me hizo ninguna gracia. (hacer)	*Je n'ai pas trouvé ça drôle.*
Cuando pudo hablar, agradeció el premio (poder)	*Quand il put parler, il remercia pour le prix.*
Quise saber más (querer)	*J'ai voulu en savoir plus.*

¡Lo supiste y te enfadaste! (saber)	Tu l'as su et tu t'es fâché !
¿Quién fue el gracioso que no puso el nombre?	Qui a été le petit malin qui n'a pas mis son nom ?
Fui a España este verano. (ir)	Je suis allé en Espagne cet été.
Pusieron un montón de pegas. (poner)	Ils ont émis un tas d'objections.
Entonces tuviste una magnífica oportunidad. (tener)	Tu as eu une occasion magnifique ce jour-là.
Me trajeron en coche. (traer)	On m'a amené en voiture.
Vinieron a dedo. (venir)	Ils sont venus en stop.
Condujeron toda la noche. (conducir)	Ils ont conduit toute la nuit.
Nos retrotrajo un siglo atrás.	Ça nous a ramené un siècle en arrière.
Su respuesta no me satisfizo.	Sa réponse ne m'a pas satisfait.

▶ **Subjonctif imparfait** : radical régulier ou irrégulier + terminaisons en ***ara*** (verbes en ***ar***) ou en ***iera*** (verbes en ***er*** et en ***ir***) ou, plus rarement, en ***ase*** ou ***iese***. Accent écrit sur la 1re personne du pluriel.

Quisiera hacer una pregunta.	Je voudrais poser une question.
No me gustaría que esperaras.	Je n'aimerais pas te faire attendre.

Le pedí que no tardara.	Je lui ai demandé de ne pas tarder.
No quisiéramos molestar.	Nous ne voudrions pas déranger.
Tal vez pudierais ayudarnos.	Vous pourriez peut-être nous aider.
¡Ojalá aprobaran!	Si seulement ils pouvaient réussir leur examen !

44. Périphrases verbales

> ● ***Parar de*** (action en cours) ou ***dejar de*** : cesser de. ***No deja de*** + infinitif : *ne... pas moins*. ***Dejarse de*** à l'impératif + nom : *arrêter*. ***No dejar de*** au futur ou à l'impératif + infinitif : *ne pas manquer de, ne pas oublier de*.

¿Cuándo dejarás de fumar?	Quand arrêteras-tu la cigarette ?
Para de fumar, molestas.	Arrête de fumer, tu déranges.
No deja de ser fastidioso.	Ça n'en est pas moins ennuyeux.
Déjate de tonterías.	Arrête tes bêtises.
No dejes de llamar.	N'oublie pas de téléphoner.
No dejaré de avisaros.	Je ne manquerai pas de vous faire signe.

> ● ***Acabar de*** + infinitif : *venir de* (temporel), *finir* (au passé simple et à l'impératif). ***Acabar con*** : *en finir avec*. ***Acabar*** + ***por*** ou gérondif : *finir par*.

Acabo de caer en la cuenta.	*Je viens seulement de réaliser.*
Acabé de redactar el borrador.	*J'ai fini de rédiger mon brouillon.*
Acabé con mi timidez.	*Je suis venu à bout de ma timidité.*
¡Acaba de quejarte!	*Tu as bientôt fini de te plaindre ?*
Acabamos por renunciar.	*Nous avons fini par renoncer.*
Acabé tirando la toalla.	*J'ai fini par jeter l'éponge.*

▶ ***Ir a*** + infinitif : *aller*. ***No vaya*** (+ sujet) ***a*** + infinitif : *il ne s'agirait pas que, n'allez pas...* ***Ir a*** au passé simple ou passé composé + infinitif = ***estar a punto de, ser capaz de*** (effort infructueux, action inadmissible). ***Venir a*** + infinitif : revenir à, à peu de choses près. (voir Exclamatifs)

Voy a dormir la siesta.	*Je vais faire la sieste.*
No vaya a extraviarse.	*N'allez pas vous égarer.*
No vaya el crío a perderse.	*Il ne s'agirait pas que le gosse se perde.*
¡Mira lo que se ha ido a inventar!	*Qu'est-ce qu'il est allé inventer !*
Fui a hablar pero cortaron.	*J'ai été sur le point de parler mais ça a coupé.*
Viene a ser lo mismo.	*Ça revient au même.*
Viene a ganar lo mismo que antes.	*Il gagne à peu près la même chose qu'avant.*

▶ ***Romper a*** (soudain et incontrôlé), ***echarse a*** (soudain et avec force), ***ponerse a*** : *se mettre à*.

Se puso a chillar.	Il se mit à hurler.
Se puso a llover.	Il se mit à pleuvoir.
Rompió a reír.	Elle éclata de rire.
Rompió a llorar.	Il se mit à pleurer.
Se echó a sollozar.	Il se mit à sangloter.
Echó a volar.	Il prit son envol.
Me eché a temblar.	Je me mis à trembler.

▶ ***Lograr, conseguir algo*** : obtenir (= ***obtener***). ***Lograr, conseguir*** + infinitif : *réussir à.* ***Alcanzar*** : *atteindre.* ***Alcanzar a*** + infinitif : *parvenir avec difficulté à.* ***Llegar*** : *arriver.* ***Llegar a*** + infinitif : *en venir à, en arriver à* (idée d'une étape finale d'un événement improbable ou inespéré car difficile, inconcevable ou inadmissible). Renforcé avec ***hasta***. ***No llegar a*** marque l'étape non atteinte, ***no pasar de*** l'étape non franchie. ***Llegar a*** + (***ser***) + nom. (voir Devenir)

No consiguieron llegar a la cumbre.	Ils ne réussirent pas à atteindre le sommet.
Los atentados no llegaron a asustar a la población, no pasaron de amedrentarla.	Les attentats n'allèrent pas jusqu'à effrayer la population, ils ne firent que les intimider.
Llegó a amenazarte con divorciarse.	Il est allé jusqu'à te menacer de divorcer.
Llegaste a convencerme.	Tu parvins à me convaincre.
Llegó a triunfar a pesar de la indudable desventaja.	Elle finit par réussir malgré un handicap certain.
No llegué a decírselo.	Je ne lui ai finalement jamais dit

No pasó de ser un buen médico de cabecera.	Il ne fut jamais plus qu'un bon médecin de famille.

> ● ***Soler*** ne se conjugue qu'aux présents de l'indicatif et du subjonctif et à l'imparfait de l'indicatif.

Solíamos pasear por la playa.	Nous avions l'habitude de nous promener sur la plage.
Suele ser el caso.	C'est généralement le cas.
No llueve como solía.	Il ne pleut pas comme avant.
Suelo ir andando.	Normalement j'y vais à pied.
No vamos al cine como solíamos.	Nous n'allons plus au cinéma comme nous en avions l'habitude.

45. Peut-être

> ● ***A lo mejor*** : hypothèse nouvelle qui vous vient à l'esprit. ***Quizá, tal vez, acaso*** + subjonctif (indicatif s'ils précèdent le verbe ou si l'idée de doute est très atténuée) : hypothèse nouvelle pour l'auditeur seulement. ***Igual*** + indicatif (surprise = *si ça se trouve*). ***Acaso*** + indicatif = *par hasard*.

A lo mejor tienes una mejor idea.	Tu as peut-être une meilleure idée.
Tal vez necesites ayuda, por eso vine.	Tu as peut-être besoin d'aide, c'est pourquoi je suis venu.
Igual nos vemos a pesar de todo.	On se verra peut-être quand même.

¿Acaso no te advertí?	Je n'ai pas mis en garde peut-être ?
Acaso no le hayan avisado a tiempo.	Il n'a peut-être pas été prévenu à temps.
Puede que se junten con nosotros mis suegros.	Il se peut que mes beaux-parents nous rejoignent.

46. Phrase passive

Ser + participe passé est obligatoirement une phrase passive. ***Estar*** + participe passé peut traduire la tournure passive si on envisage le résultat et non plus l'action. Accord du participe passé. L'espagnol évite dès que possible la phrase passive avec ***ser***, voici les solutions usuelles.

Solutions	Conditions
un pronom complément direct	présence d'un verbe d'action, mise en valeur du sujet de la phrase passive et parfois lien du complément d'agent avec la suite de la phrase
verse + participe passé	absence de verbe d'action, absence de volonté de mettre en valeur le complément d'agent ou lien de celui-ci avec la suite de la phrase
la forme pronominale	absence de complément d'agent, aucune confusion possible avec un sens pronominal du verbe
tourner à l'active	présence d'un complément d'agent, absence de volonté de mettre en valeur le sujet de la phrase passive
la 3ᵉ personne du pluriel	complément d'agent collectif sous-entendu

La tarta fue dividida a partes iguales por la abuela.	Le gâteau fut divisé en parts égales par la grand-mère.
España y Francia están divididas por los Pirineos.	L'Espagne et la France sont séparées par les Pyrénées.
Esta novela la publicaron los hermanos Castella, quienes quebraron desde entonces.	Ce roman fut publié par les frères Castella qui ont fait faillite depuis.
Esa vacuna se vio superada por nuevas medicinas.	Ce vaccin fut dépassé par de nouveaux médicaments.
Muchos competidores imitan su estilo.	Son style est imité par de nombreux concurrents.
El problema se solucionó.	Le problème a été résolu.
Edificaron el foro para celebrar el milenio.	Le forum a été construit pour fêter le millénaire.
Contemplaron otra vía por mutuo acuerdo.	Une autre voie fut envisagée d'un commun accord.

47. Pluriel

adjectif terminé par voyelle non tonique	+ *s*
adjectif terminé par consonne ou voyelle tonique	+ *es*
nom terminé par voyelle sauf *í, y*	+ *s*
nom terminé par *í, y* ou consonne sauf *s*	+ *es*
nom terminé par *s* : monosyllabe ou avec dernière syllabe tonique	+ *es*
autres noms en *s*	invariable
nom ou adjectif en *z*	le *z* devient *ces*

Ideas estrafalarias	*Des idées extravagantes*
Los naturales marroquíes	*Les ressortissants marocains*
Los ciudadanos españoles	*Les citoyens espagnols*
Los tabús	*Les tabous*
Los jabalíes	*Les sangliers*
Las leyes	*Les lois*
Los puntales del equipo	*Les piliers de l'équipe*
Los dioses del estadio (dios)	*Les dieux du stade*
Los gases lacrimógenos (gas)	*Les gaz lacrymogènes*
Los intereses creados (interés)	*Les intérêts particuliers*
Las repetidas crisis (crisis)	*Les crises répétées*
Fueron felices y comieron perdices. (perdiz)	*Ils furent heureux et ils eurent beaucoup d'enfants.*
Los peces gordos (pez)	*Les gros bonnets (poisson)*

> Les sigles contenant **deux** mots toujours au pluriel doublent leurs lettres et ne s'épellent pas. ***La pyme** (pequeña y mediana empresa)*, prononcé comme un mot à part entière, n'est plus perçu comme un sigle. Parfois le sigle produit un nom ou adjectif. Pour les noms composés, seul le premier se met au pluriel.

EE UU (prononcer Estados Unidos)	*Les États-Unis*
Los JJ OO (prononcer Juegos Olímpicos)	*Les jeux Olympiques*
Las FF AA (prononcer Fuerzas Armadas)	*Les forces armées*

Las ONG (organizaciones no gubernamentales) (épeler).	Les ONG
El PNV o Partido Nacionalista Vasco (épeler)	Le PNV
Los peneuvistas	Les membres du PNV
La ONCE u Organización Nacional de Ciegos Españoles (prononcer once)	L'ONCE
Las horas punta	Les heures de pointe
Los temas tabú	Les sujets tabous

48. Plutôt

> *Más bien* marque la tendance, *antes bien* l'opposition, *mejor* la préférence, *antes (que)* le choix exclusif, *mejor dicho* la rectification.

Fue más bien positiva la entrevista.	L'entretien a été plutôt positif.
Saldremos más bien temprano.	Nous partirons plutôt tôt.
No evita el peligro, antes bien lo provoca.	Il n'évite pas le danger, il le provoquerait plutôt.
Mejor esperamos en la estación.	Attendons plutôt dans la gare.
Tráeme mejor palomitas.	Apporte-moi plutôt du pop-corn.
Jura que antes dimite que delatar a nadie.	Il jure qu'il démissionne plutôt que de dénoncer quiconque.

Antes me exiliaría.	Je m'exilerais plutôt.
Lo animó con la mirada antes que con palabras.	Elle l'encouragea du regard plutôt qu'avec des mots.
Antes que arriesgarlo todo, ve por etapas.	Plutôt que de tout risquer, vas-y par étapes.
Antes tirarlo todo por la borda.	Plutôt tout envoyer promener.
Antes el fracaso que la renuncia.	Plutôt l'échec que l'abandon.
Prefiero bañarme en un lago antes que en el mar.	Je préfère me baigner dans un lac que dans la mer.
Me decantaría por el azul antes que por el verde.	Je pencherais pour le bleu plutôt que pour le vert.
Prefiero ir a que ella venga. (preferir a)	Je préfère y aller plutôt qu'elle ne vienne.
Era guapa o mejor dicho bonita.	Elle était belle ou plutôt jolie.

49. Por et para

Choisir en remplaçant *par* ou *pour* par des prépositions connues. Ajoutons que ***por*** introduit le complément d'agent dans la phrase passive. (voir Interrogatifs)

▶ ***Para*** = ***con el fin de*** (afin de), ***desde el punto de vista de***, ***según*** (d'après, selon), ***destinado a***, ***con destino a*** (destiné à, à destination de), ***de aquí a***, ***en tal fecha o lugar*** (d'ici à, à telle date ou lieu), ***en lo relativo a*** (en ce qui concerne).

Para el periodista, se trata de un golpe de estado.	Pour le journaliste, il s'agit d'un coup d'état.
¿Es para mí enterito?	C'est tout pour moi ?
Estará listo para el día 4.	Il sera prêt pour le 4.
La abuela vino para Navidad como solía.	La grand-mère vint à Noël comme à son habitude.
Salió para Madrid.	Il est parti pour Madrid.
Lo hicieron para ponerte a prueba.	Ils ont fait ça pour te mettre à l'épreuve.
Volvió a España para quedarse.	Il est revenu en Espagne pour y rester.

> ● *Por* = *a través de* (à travers), *más o menos, en los alrededores de, en torno a* (plus ou moins, autour de, du côté de), *durante un período de* (l'espace de, pendant), *a causa de, debido a* (à cause de, en raison de), *a cambio de, por valor de* (en échange de, à hauteur de), *en lugar de, en favor de* (au lieu de, en faveur de), *mediante* (moyennant, au moyen de), *para cada* (pour chaque). Autre sens de *pasar por* = *ser considerado como*. *Por* + infinitif : parce que, pour, histoire de.

Paseamos por el casco viejo.	Nous nous sommes promenés à travers la vieille ville.
La visitaremos por Navidad.	Nous lui rendrons visite pour Noël.
Fui a Tenerife por dos semanas.	Je suis allée à Tenerife pour deux semaines.
Lo hallarás en el suelo por el cobertizo.	Tu le trouveras par terre du côté du hangar.
Pásate por casa antes.	Passe par la maison avant.

Paso por impuntual.	*Je passe pour quelqu'un qui n'est pas ponctuel.*
Te pasa por despistado.	*Ça t'arrive parce que tu es distrait.*
Lo hizo por una propina.	*Il l'a fait pour un pourboire.*
Lo conseguí por mil euros.	*Je l'ai eu pour mille euros.*
Lo hice por ti, por darte gusto.	*Je l'ai fait pour toi, pour te faire plaisir.*
Iré por ti al mercado.	*J'irai au marché à ta place.*
Iré por pan.	*J'irai chercher le pain.*
Viajó por avión.	*Elle a voyagé par avion.*
Cien kilómetros por hora	*Cent kilomètres heure*
Ojo por ojo, diente por diente.	*Œil pour œil, dent pour dent*
Te lo cuento por reírnos un rato.	*Je te raconte ça histoire de nous amuser un peu.*

50. Porque

porqué	employé comme nom
¿por qué?	interrogation directe ou indirecte
porque + indicatif = *por* + infinitif	cause
porque + subjonctif	verbe + *por* / principale négative et cause réfutée / histoire de, pour

no porque + subjonctif	cause réfutée
por que + indicatif	= ***por el que (los que, la que, las que), por el cual (los cuales, la cual, las cuales)***

El porqué y el cómo los ignoro.	J'ignore le pourquoi et le comment.
Me pregunto por qué se enfadó así.	Je me demande pourquoi il s'est fâché de la sorte.
¿Por qué me lo preguntas?	Pourquoi me demandes-tu ça ?
No vine porque no quise.	Je ne suis pas venu parce que je ne le souhaitais pas.
Está endeudado porque se fue a la nieve. (= está endeudado por ir a la nieve)	Il est endetté parce qu'il est allé au ski.
No vine porque no quisiera sino porque no pude.	Ce n'est pas parce que je ne voulais pas que je ne suis pas venu mais parce que je n'ai pas pu.
Velo por sus intereses, velo porque no salga perjudicado.	Je veille sur ses intérêts, je veille à ce qu'il ne soit pas lésé.
La solución pasa porque la guerrilla deponga las armas.	La solution passe par le désarmement de la guérilla.
Me esfuerzo porque todo salga bien.	Je m'efforce que tout aille bien.
Me doy prisa porque lleguéis a tiempo.	Je me dépêche pour que vous arriviez à temps.

No me convencerás antes porque me grites.	Ce n'est pas parce que tu me crieras dessus que tu me convaincras plus vite.
No porque seas tú, voy a saltarme la norma.	Ce n'est pas parce que c'est toi que je vais passer outre la règle.
Adivina los motivos por que se enfadó.	Devine pourquoi il s'est fâché.
Te lo cuento todo porque veas la otra cara de la moneda.	Je te raconte tout histoire de te faire voir le revers de la médaille.

51. Possessifs

Adjectifs possessifs : ***mi***, ***tu***, ***su***, ***nuestro***, ***vuestro***, ***sus***. Seuls ***nuestro*** et ***vuestro*** sont variables en genre. Pronoms possessifs : ***el mío***, ***el tuyo***, ***el suyo***, ***el nuestro***, ***el vuestro***, ***el suyo*** qui s'accordent au féminin. (voir Prépositions)

> **Ne pas employer le possessif :** en cas d'évidence (sauf habitude ou insistance), quand un pronom complément marque déjà la possession, quand il s'agit de la nourriture, du corps ou des vêtements.

Voy a repasar la clase de historia.	Je vais réviser mon cours d'histoire.
Arriesgó la vida por nosotros.	Il a risqué sa vie pour nous.
Te juegas el puesto.	Tu joues ton poste.
Yo me llevo mis llaves, tú mira por las tuyas.	Moi je prends mes clés, occupe-toi des tiennes.

Tómate la medicina.	*Prends ton médicament.*
Se mete las manos en los bolsillos.	*Elle met ses mains dans ses poches.*
Así se gana la vida.	*Elle gagne sa vie comme ça.*
Se tomó su cafecito matutino.	*Il prit son petit café du matin.*

▶ À la 3e personne, le singulier indique un objet possédé et le pluriel plusieurs objets possédés mais ne vous dit rien sur le nombre de possesseurs puisqu'il renvoie à ***él, ellos, ella, ellas, usted et ustedes*** : ***su*** (son, leur, votre), ***sus*** (ses, leurs, vos). ***De usted, de ustedes*** sont précisés dans un langage soutenu pour éviter la confusion avec ***él, ella, ellos, ellas***.

Se quitaron su flamante gorra.	*Ils ôtèrent leur casquette flambant neuve.*
Esta ronda es la mía.	*C'est ma tournée.*
Su prima	*Sa cousine, leur cousine, votre cousine*
¿Era prima de él o de ella?	*C'était une cousine à lui ou à elle ?*
Su colega de usted vino ayer.	*Votre collègue est venu hier.*
No es tuya, es de tu hermana.	*Elle n'est pas à toi, elle appartient à ta sœur.*
Amor mío, te llamaré esta noche.	*Mon amour, je t'appellerai ce soir.*
Toda la culpa es nuestra.	*C'est uniquement de notre faute.*

> Le pronom possessif placé après le nom a une valeur expressive et permet de placer en tête un autre déterminant. Il traduit également : *l'un de, deux de... **Sendos, sendas** : chacun son, chacun sa. **Algún, ningún, cualquier, cada, muchos, pocos, varios, más, menos** + nom + pronom possessif.

Ningún amigo tuyo llamó.	*Aucun de tes amis n'a appelé.*
Algún proyecto tuyo cuajará.	*L'un ou l'autre de tes projets marchera.*
Algunas propuestas nuestras prosperarán.	*Quelques-unes de nos propositions aboutiront.*
Cualquier idea vuestra me parecerá bien.	*Toute idée venant de vous sera la bienvenue.*
Conservo cada libro suyo.	*Je garde chacun de ses livres.*
Varios amigos míos me lo comentaron.	*Plusieurs amis à moi m'en ont fait la remarque.*
Es amiga mía.	*Elle est de mes amies.*
Un cuadro suyo se llevó el premio.	*L'un de ses tableaux remporta le prix.*
Dos alumnos míos se hicieron con el galardón.	*Deux de mes élèves remportèrent le prix.*
¿Se acuerda de aquel compañero suyo tan amable?	*Vous vous rappelez ce collègue à vous qui était si gentil ?*
Viajaban con sendas mochilas.	*Ils voyageaient chacun avec son sac à dos.*
Llegaron las secretarias con sendos informes.	*Les secrétaires arrivèrent chacune avec son rapport.*

Expressions avec des possessifs

Es asunto mío.	*C'est mon affaire.*
No es nada mío.	*Elle ne m'est rien.*
Ésta es la mía.	*Voilà ma chance.*
Tú a lo tuyo.	*Occupe-toi de tes affaires.*
Cada cual a lo suyo.	*Chacun chez soi et les vaches seront bien gardées.*
Lo mío mío y lo tuyo de los dos.	*Ce qui est à toi est à moi.*
Va a lo suyo.	*Il roule pour lui.*
Es muy suya.	*Elle est très particulière.*
No es lo mío.	*Ce n'est pas mon domaine.*
Lo suyo son las matemáticas.	*Son rayon c'est les maths.*
Pesa lo suyo.	*Il a un poids non négligeable.*
Es típico suyo.	*C'est typique d'elle.*
He trabajado lo mío.	*J'ai travaillé d'arrache-pied.*
Le costó lo suyo salir adelante.	*Il a eu un mal de chien à s'en sortir.*
Siempre se sale con la suya.	*Il n'en fait qu'à sa tête.*
Muy señor mío:	*Monsieur, (lettre)*
Suyo afectísimo.	*Affectueusement vôtre.*
Siempre tuyo.	*Bien à toi.*

52. Pourcentages

> **Article devant un pourcentage (sauf parenthèse)** : *el* (précis), *un* (environ). Augmenter, diminuer de + % : *aumentar*, *disminuir un* (environ) ou *el* (précis) + %. Augmenter, diminuer de + (*environ*) + nombre : *aumentar*, *disminuir en* + (*unos*) + nombre.
> **Exception avec verbes d'état** : *il est de 3 %* : *es del 3 %*

Rebajas de hasta el 10%.	Des rabais jusqu'à 10 %
Crece al seis coma tres por ciento anual.	Il croît à un rythme de 6,3 % l'an.
Una subida de precios del uno por ciento.	Une hausse des prix de 1 %
Se incrementó (en) un 9,5%, en 100 euros, en unos 100 euros.	Il a augmenté de 9,5 %, de 100 euros, de 100 euros environ.
Un cinco por ciento menos.	Environ 5 % en moins.
El quince por ciento más.	15 % supplémentaires.
No estaba convencida al cien por cien.	Je n'étais pas cent pour cent convaincu.
El paro bajó en 150 000 solicitantes de empleo.	Le chômage a baissé de 150 000 demandeurs d'emploi.
Se incrementó en unos veinte puntos porcentuales.	Il augmenta de 20 % environ.
Un escaso porcentaje	Un faible pourcentage
Un porcentaje abultado	Un gros pourcentage
Un tanto por ciento	Un pourcentage donné

53. Prépositions

Il convient de connaître les cas d'obligation de certaines prépositions, en raison de leur multiplicité et des différences d'emploi avec le français.

A après le verbe	Le complément direct (COD) est une personne Risque de confusion COD / sujet Devant COD à valoriser ou collectivité Devant COD de verbe de perception sujet d'un infinitif Devant complément indirect (COI) Verbe de mouvement (sauf **entrar**, **internarse**, **adentrarse**, **penetrar**, **ingresar**)
A + infinitif	Expressions lexicalisées à valeur conditionnelle Impératif d'incitation Équivalent de **para** après un verbe de mouvement
Con	Complément de manière
De	La possession, l'origine, la matière, la caractérisation. Quelques emplois plus lexicalisés : le temps et la cause
En après le verbe	Pas de déplacement. Pour situer dans le temps ou l'espace, indiquer la durée de l'action, le moyen de déplacement. *Chez* + personne *Dans* (spatial) : **en** ou **dentro de** (à l'intérieur de) pour insister. *Dans* (temporel) : **dentro de** (**en** usuel mais à éviter car risque de confusion)
Hacia	Vers, envers
Hasta	Jusqu'à, même. **Desde... hasta** est plus précis que **De... a**.

***Encima de**,* ***sobre**,* **en**	Sur (du plus au moins insistant). Autres sens : ***Encima de*** = ***además de*** : outre, en plus de. ***Sobre*** + heure, date, quantité : environ. ***Sobre*** + nom ou infinitif, ***sobre que*** + indicatif : outre
Según	Selon, suivant, d'après, au fur et à mesure que

▶ **Attention :** ***querer a, amar a*** : aimer quelqu'un, ***gustarle algo a alguien, amar algo*** : aimer quelque chose, ***querer algo*** : vouloir. ***Mirar*** : regarder, ***mirar a*** : porter son regard sur.

Criticó al Gobierno.	*Il critiqua le gouvernement.*
El perro mordió al zorro.	*Le chien mordit le renard.*
Da de comer a los gorriones.	*Elle nourrit les moineaux.*
Cambié de opinión a la semana.	*J'ai changé d'avis une semaine après.*
Veo correr al perro hacia mí.	*Je vois courir le chien vers moi.*
El miedo al perro (a que muerda), el temor del perro (a su amo)	*La peur du chien (qu'il morde), la crainte du chien (envers son maître)*
Te subes al coche.	*Tu montes dans la voiture.*
Me fui a Andalucía de vacaciones.	*Je suis parti en vacances en Andalousie.*
Una vez al año no hace daño.	*Une fois n'est pas coutume.*
Mira la casa, ahora mira al balcón.	*Regarde la maison, et maintenant regarde le balcon.*
Me acerqué a darte la buena noticia.	*Je suis passée pour te donner la bonne nouvelle.*
¡Corre a avisarles!	*Cours les avertir !*
Anda a contárselo.	*Va tout lui raconter.*

Ve a comprar pan.	*Va chercher du pain.*
Me fui con la cabeza alta.	*Je suis partie la tête haute.*
Es la viejecita de las palomas.	*C'est la vieille dame aux pigeons.*
Nos partimos de risa.	*Nous étions pliés de rire.*
Lo que valoro en él es su tesón.	*Ce que j'apprécie chez lui c'est son opiniâtreté.*
Instalé las oficinas en Madrid.	*J'ai installé mes bureaux à Madrid.*
Ingresó en una escuela de negocios.	*Elle a intégré une école de commerce.*
Estaba entre mis papeles.	*Il était parmi mes papiers.*
Lo que siento hacia ellos es confuso.	*Ce que je ressens envers eux est confus.*
Empezarán sobre el mes de octubre.	*Elles débuteront vers le mois d'octobre.*
Déjalo en la mesa, sobre la carpeta.	*Laisse-le sur la table, sur la chemise.*
Habló sobre Colombia.	*Il a parlé sur la Colombie.*
Abren dentro de dos horas.	*Ils ouvrent dans deux heures.*
Lo haré en dos horas.	*Je le ferai en deux heures.*
Lo haré dentro de dos horas.	*Je le ferai dans deux heures.*
Mételo dentro de la jaula.	*Rentre-le dans la cage.*
Está cerrado por dentro.	*C'est fermé de l'intérieur.*

▶ ***Tras*** (soutenu ou sens figuré) = ***detrás de, después de*** (sens propre). Autres doublets : ***ante*** = ***delante de***, ***frente a*** = ***enfrente de, bajo*** = ***debajo de***.

Me decubro ante tal hazaña.	*Je tire mon chapeau devant un tel exploit.*
La cité delante de Correos.	*Je lui ai donné rendez-vous devant la Poste.*
Tras la guerra, volvió a su país.	*Après la guerre, il revint dans son pays.*
El instituto queda enfrente del cine.	*Le lycée est en face du cinéma.*
Se sienten impotentes frente a la magnitud del desastre.	*Ils se sentent impuissants face à l'ampleur de la catastrophe.*
Bajo Franco había censura.	*Sous Franco il y avait de la censure.*
Tu cartera está debajo de un montón de papeles.	*Ton portefeuille est sous un tas de papiers.*

▶ ***En torno*, *a despecho*** et ***a pesar*** n'admettent que la construction avec le pronom possessif.

Ocurrió a pesar nuestro.	*Cela s'est produit malgré nous.*
A despecho mío	*Malgré moi*
Mirad en torno vuestro.	*Regardez autour de vous.*

▶ Certaines prépositions peuvent avoir une double construction avec ***de*** + pronom personnel ou avec pronom possessif. C'est le cas de ***cerca, delante, detrás, encima*** mais pas de ***lejos***.

Cerca tuyo, cerca de ti	*Près de toi*
Delante mío, delante de mí	*Devant moi*

Detrás vuestro, detrás de vosotros	*Derrière vous*
Está encima suyo, está encima de él.	*Elle est sur son dos.*
Viven lejos de ti y de mí.	*Ils vivent loin de toi et de moi.*

> Les prépositions ayant pour origine un nom ont une triple construction avec ***de*** + pronom personnel, adjectif possessif ou pronom possessif.

Testifiqué a favor suyo, a su favor, a favor de él.	*J'ai témoigné en sa faveur.*
Bromeé a costa suya, a su costa, a costa de usted.	*J'ai plaisanté à vos dépens.*
Habló en contra mía, en mi contra, en contra de mí.	*Elle a parlé contre moi.*
Se sentó a la izquierda suya, a su izquierda, a la izquierda de usted.	*Elle s'est assise à votre gauche.*
Fue por culpa suya, por su culpa, por culpa de ella.	*C'était de sa faute.*
En beneficio vuestro, en vuestro beneficio, en beneficio de vosotros	*À votre profit*
Alrededor mío, a mi alrededor, alrededor de mí	*Autour de moi*
En lugar tuyo, en tu lugar, en lugar de ti	*À ta place*
A cargo suyo, a su cargo, a cargo de ellas	*À leur charge*

A expensas mías, a mis expensas, a expensas de mí	À mes dépens
Está sentada al lado mío, a mi lado, al lado de mí.	Elle est assise à côté de moi.

54. Présent indicatif et subjonctif

Présent régulier de l'indicatif : radical + *o, as, a, amos, áis, an* pour les verbes en *ar* ; *o, es, e, emos, éis, en* pour les verbes en *er* ; *o, es, e, imos, ís, en* pour les verbes en *ir*. **Au subjonctif** : radical + *e, es, e, emos, éis, en* pour les verbes en *ar* ; *a, as, a, amos, áis, an* pour les verbes en *er* et en *ir*. Accent écrit uniquement sur vous sauf cas particuliers. (voir Accentuation)

Les verbes dont la 1re personne du présent de l'indicatif se termine par *o* ont le même radical, régulier ou irrégulier, au présent du subjonctif.

▸ Verbes dont seule la 1re personne est irrégulière : *caber* (*quepo*), *caer* (*caigo*), *decir* (*digo*), *hacer* (*hago*), *salir* (*salgo*), *traer* (*traigo*), *valer* (*valgo*), *estar* (*estoy*), *ir* (*voy*), *ver* (*veo*), *dar* (*doy*), *poner* (*pongo*), *saber* (*sé*).

No, no caigo en la cuenta.	Non, je ne vois vraiment pas.
Haga lo que haga, le parece mal.	Quoi que je fasse, il trouve ça mauvais.
Te doy lo justo para comprarlo.	Je te donne juste ce qu'il faut pour l'acheter.
Pongamos por ejemplo lo sucedido.	Prenons pour exemple ce qui s'est passé.

No sé lo que pasó.	*Je ne sais pas ce qui s'est passé.*
Traigo conmigo lo puesto.	*Je n'amène que ce que je porte.*
No digo que no.	*Je ne dis pas non.*
No creo que quepa la menor duda.	*Je ne crois pas qu'il y ait le moindre doute.*
Ya no quepo en estos vaqueros.	*Je ne rentre plus dans ce jean.*
Puede que salga.	*Il se peut que je sorte.*

▶ Verbes qui ont leur propre irrégularité au présent de l'indicatif : **haber** (*he, has, ha, hemos, habéis, han*), **ir** (*voy, vas, va, vamos, vais, van*), **ser** (*soy, eres, es, somos, sois, son*), **tener** (*tengo, tienes, tiene, tenemos, tenéis, tienen*), **venir** (*vengo, vienes, viene, venimos, venís, vienen*).

Por ser quienes sois, os haré un descuento.	*Je vous fais une remise parce que c'est vous.*
Has de saber que tienes derecho a probar tres veces.	*Tu dois savoir que tu as droit à trois essais.*
Si vienes en ese plan, poco conseguirás.	*Si tu viens dans cet état d'esprit, tu n'obtiendras pas grand-chose.*
No pienso que tenga esa intención.	*Je ne crois pas qu'il en ait l'intention.*
¡Ya voy!	*J'y vais !*
Van y vienen sin parar.	*Ils font continuellement des allers et retours.*

▶ Verbes qui ont leur propre irrégularité au présent du subjonctif : *ir* (*vaya, vayas, vaya, vayamos, vayáis, vayan*), *saber* (*sepa, sepas, sepa, sepamos, sepáis, sepan*), *haber* (*haya, hayas, haya, hayamos, hayáis, hayan*), *estar* (*esté, estés, esté, estemos, estéis, estén*), *ser* (*sea, seas, sea, seamos, seáis, sean*).

Quiero que sepa usted que lo siento de verdad.	*Je veux que vous sachiez que j'en suis vraiment désolé.*
Tal vez no hayamos insistido lo suficiente.	*Nous n'avons peut-être pas assez insisté.*
Estén tranquilos al respecto.	*Soyez tranquilles sur ce point.*
Vayamos al grano.	*Allons droit au but.*
¡Ojalá sepamos la verdad del caso algún día!	*Pourvu que nous sachions un jour la vérité sur cette affaire !*
No pienso que él mismo se lo crea.	*Je ne pense pas qu'il y croie lui-même.*

 Probabilité et hypothèse

Attention à ne pas confondre ***deber de*** (hypothèse) avec ***deber*** (obligation). ***Tener que*** peut exprimer les deux notions. Il faut également savoir que les temps de l'hypothèse sont la solution la plus idiomatique. (voir Substitutions de temps)

▶ **Hypothèse aux mêmes temps que *devoir* ou *pouvoir* : *deber de*** + infinitif (supposition et subjectivité) ou ***tener que*** + infinitif (conviction et objectivité). Si une hypothèse est exprimée deux fois, la plus probable ***tener que*** suivra la plus improbable ***deber***.

Debe de tener gripe, en cualquier caso tiene que haberse resfriado.	Il doit avoir la grippe, en tout cas il doit certainement avoir attrapé un rhume.
Debo de equivocarme.	Je dois me tromper.
Debe de ser un malentendido.	Ce doit être un malentendu.
Tiene que haber una explicación a la fuerza.	Il doit forcément y avoir une explication.

> **Hypothèse négative ou improbabilité** : ***no deber de***.
> **Impossibilité** : ***no poder***. ***No tener que*** marque l'obligation négative et non l'improbabilité.

No deben de ser las siete, aún clarea.	Il ne doit pas être sept heures, il fait encore jour.
No puede ser tan tarde, si acabo de mirar el reloj.	Il ne peut pas être si tard, je viens de regarder ma montre.
No debe de salir a menudo.	Elle ne doit pas sortir souvent.
No debía de atreverse.	Elle ne devait pas oser.
No había debido de comprender.	Elle n'avait pas dû comprendre.
No tiene que salir para nada.	Elle ne doit pas sortir du tout.

> **Les temps de l'hypothèse** : *devoir* ou *pouvoir* au présent *en français* (comme ***deber*** ou ***tener que***) + verbe => verbe au futur en espagnol. Selon ce modèle, imparfait en français => conditionnel en espagnol, passé composé => futur antérieur, plus-que-parfait => conditionnel passé.

Viviría muy mal tal situación (debía de vivir)	Il devait vivre très mal cette situation.

¡Habríais perdido la chaveta aquel día! (habíais debido de perder)	*Vous aviez dû perdre la boule ce jour-là !*
Serán las siete (deben de ser)	*Il doit être sept heures.*
Habrá sufrido un accidente. (ha debido de sufrir)	*Elle a dû avoir un accident.*

▶ Expressions avec le futur d'hypothèse

¿Será posible?	*Pas possible !*
¿No hablarás en serio?	*Tu n'es pas sérieux ?*
¿Estarás bromeando?	*Tu plaisantes, j'espère ?*
Tú verás.	*C'est à toi de voir.*
¡No te figurarás que he contestado a semejante pregunta!	*Tu ne t'imagines tout de même pas que j'ai répondu à une telle question !*
¡Habráse visto!	*Ça par exemple !*
¡Tendrá cara!	*Quel culot !*
Pensarás lo tuyo pero...	*Tu es en droit de penser ce que tu veux mais...*
Como comprenderás, me resulta difícil.	*Ainsi que tu peux le comprendre, ça m'est difficile.*
Como ya habrán adivinado	*Comme vous l'aurez compris.*
¡Mira tú si seré despistado!	*Qu'est-ce que je suis étourdi !*
Todo se andará.	*Chaque chose en son temps.*
¡Tú dirás!	*À toi de décider !*
Se hará lo que se pueda.	*Je ferai au mieux.*

El qué dirán	*Le qu'en- dira-t-on*
¡Habráse visto locura semejante!	*A-t-on jamais vu pareille folie ?*
... que ya me dirás.	*Tu m'en diras des nouvelles.*
El ingenuo serás tú.	*Naïf toi-même.*
No será trabajando como se hizo el esguince en el tobillo.	*Ce n'est sûrement pas en travaillant qu'il s'est fait cette entorse à la cheville.*
Mañana será otro día.	*Ça ira mieux demain.*

56. Pronoms compléments

Les pronoms personnels compléments, réfléchis, indirects et directs, sont les mêmes sauf pour la 3e personne : **me**, **te**, **nos**, **os**.

▶ **Pronom personnel complément d'objet direct, ou COD, 3e personne :** féminin **la, las,** masculin : **lo, los** ou **le, les** mais avec **usted**, la *Real Academia* recommande **lo, los**. Redondance du pronom COD obligatoire quand le complément est placé avant le verbe. Pronom COD **lo** avant le verbe quand **todo** est complément. **Lo** peut également reprendre une information pour éviter une ambiguïté.

Lo sabe todo.	*Il sait tout.*
Nadie puede saberlo todo.	*Personne ne peut tout savoir.*
Al repartidor lo vi camino de casa.	*J'ai vu le livreur en route pour chez nous.*

¿Es serio? Lo parece pero no lo es.	*Est-il est sérieux ? On le dirait mais il ne l'est pas.*
Lo entiendo.	*Je comprends.*
Así lo creo yo también.	*C'est ce que je crois moi aussi.*
Ya la oí, señora.	*Je vous ai entendue, Madame.*

▶ **Pronom complément d'objet indirect, ou COI, 3e personne :** ***le***, ***les***.
Précisez en cas de confusion : ***a él***, ***a ellos***, ***a ella***, ***a ellas***, ***a usted***, ***a ustedes***. En français, le pronom COI n'est pas nécessaire si le complément indirect est mentionné. En espagnol, il est obligatoire en présence de ***a usted*** et quand le complément indirect est placé avant le verbe, ce qui est fréquent. C'est pourquoi cette redondance s'étend souvent à tous les cas de 3e personne.

Ya le dije a usted que sí aunque le afirmé lo contrario a ella.	*Je vous ai déjà répondu oui bien que je lui aie dit le contraire à elle.*
Al jefe le vi ayer mismo.	*J'ai vu le patron pas plus tard qu'hier.*
Le doy al médico mi historial.	*Je donne mon dossier au médecin.*
Les doy las gracias a todos ustedes.	*Je vous remercie tous.*

▶ **Ordre obligatoire des pronoms :** réfléchi ou COI + COD. Quand deux pronoms compléments de 3e personne se suivent (COI ***le***, ***les*** + COD ***lo***, ***la***, ***los***, ***las***) le pronom COI prend la forme ***se***.

Puedes dármelo ya.	*Tu peux me le donner dès à présent.*
Díselo de una vez.	*Dis-le-lui une bonne fois.*
Señores, esas informaciones se las facilité a ustedes.	*Messieurs, je vous ai fourni ces informations.*
Se la dejé por una semana.	*Je la lui ai prêtée pour une semaine.*

> ▶ **Constructions particulières :** l'usage du pronom COI dans la forme pronominale de type ***olvidársele algo a alguien*** souligne le caractère involontaire de l'action. Les verbes à valeur affective de type ***Gustar*** se construisent comme plaire, ***a mí, a ti, a él*** (***ella, usted***), ***a nosotros*** (***as***), ***a vosotros*** (***as***), ***a ellos*** (***ellas, ustedes***) sont généralement sous-entendus. Les verbes de type ***arreglárselas*** se conjuguent comme tout verbe pronominal mais intercalent ***las*** avant le verbe à toutes les personnes. Remarquez les trois constructions du verbe ***olvidar*** du plus ou moins involontaire.

Se me olvidaron las llaves.	*J'ai oublié mes clés.*
Me olvidé de decírselo.	*J'ai oublié de lui dire.*
Prefiero olvidar el incidente.	*Je préfère oublier cet incident.*
Se me cayó de las manos.	*Elle m'est tombée des mains.*
Se me paró el reloj.	*Ma montre s'est arrêtée.*
Se os rompieron los esquemas.	*Toutes vos idées reçues ont été bousculées.*
A todos nos gusta la gente amable, ¿no?	*Nous aimons tous les gens aimables, n'est-ce pas ?*
Me apetecen los de chocolate.	*Ceux au chocolat me font envie.*

Os toca jugar.	C'est votre tour de jouer.
Me horrorizan esas escenas.	Ces scènes me font horreur.
A ti te aburren las fiestas.	Toi les fêtes ça t'ennuie.
A mis padres les extrañó el lugar de la cita.	Mes parents trouvèrent étrange le lieu de rendez-vous.
Me pesa habérselo dicho.	Je regrette de lui avoir dit.
Me alegran tales noticias.	Je me réjouis de ces nouvelles.
Te dan vergüenza tus amigos.	Tu as honte de tes amis.
A tu amiga le dan más miedo las consecuencias.	Ton amie a davantage peur des conséquences.
Me las arreglo como puedo.	Je me débrouille comme je peux.
Se las ingenió para arreglar la tele sin llamar al técnico.	Il s'est débrouillé pour réparer la télé sans appeler le réparateur.
Siempre te las apañas para que te enchufen.	Tu te débrouilles toujours pour être pistonné.
Os las agenciasteis para no sufrir atascos.	Vous vous êtes arrangés pour ne pas avoir de bouchons.
Me las vi y me las deseé para conseguir la cita.	Je m'en suis vu pour décrocher ce rendez-vous.

▶ La forme pronominale peut indiquer la reconnaissance de l'accomplissement de l'action (mérite, effort, profit, plaisir, tort...) et non l'énonciation de sa simple réalisation. Certains verbes comme **reír, reírse** ont une double forme, leur construction pronominale marque le début de l'action. Enfin, la forme pronominale permet d'éviter le possessif quand il s'agit de la nourriture du corps ou des vêtements.

El gato se comió el pollo.	Le chat a mangé le poulet.
Me leí un montón de novelas durante las vacaciones.	J'ai lu plein de romans pendant les vacances.
Me lo pasé muy bien.	Je me suis bien amusée.
Os gastasteis todo el dinero.	Vous avez tout dépensé.
Me lo sabía de memoria.	Je le connaissais par cœur.
Se durmió rápido; duerme mucho.	Il s'endort vite ; il dort beaucoup.
Se rió con la broma, ríe fuerte.	Elle rit à cette blague ; elle rit fort.
Me desperté con el ruido; despierto cada día con el sol.	Le bruit me réveilla ; je me réveille tous les jours avec le soleil.
Callas; te callaste al oír eso.	Tu te tais ; tu t'es tue en entendant cela.

57. Pronoms sujets

Yo, tú, él, ella, ello, usted, nosotros* (as)*, vosotros* (as)*, ellos, ellas, ustedes ne sont précisés que pour marquer l'insistance, l'opposition, ou s'il y a risque de confusion entre plusieurs personnes de la conjugaison : ***usted, él, ella, ello*** auxquels s'ajoute ***yo*** à certains temps (imparfaits, conditionnels). ***Ello*** est un neutre qui sert de rappel. (voir aussi En - Y)

- **Place des pronoms personnels sujets :** avant le verbe pour marquer l'information connue, l'insistance ou l'opposition par rapport à un énoncé antérieur ; après le verbe pour l'information nouvelle dans la phrase ou pour marquer le respect avec ***usted***.

Todo ello me parece perfecto.	*Tout cela me paraît parfait.*
¿Qué entiendes con ello?	*Qu'entends-tu par là ?*
Ello me permite concluir.	*Cela me permet de conclure.*
Yo no puedo; usted sí.	*Moi je ne peux pas mais vous oui.*
Figúrate que vino ella en lugar de su marido.	*Figure-toi qu'elle est venue à la place de son mari.*
Pero ella se negó a vender sus acciones.	*Mais elle a refusé de vendre leurs actions.*
Puede usted firmar aquí.	*Vous pouvez signer ici.*

▶ **Pour traduire** *moi, toi* **:** *yo*, *tú* mais *yo* devient ***mí*** et *tú* devient ***ti*** après une préposition (exceptions : ***salvo***, ***excepto***, ***según***, ***incluso***, ***menos***, ***entre***). Si on veut indiquer clairement que ***mí***, ***ti***, ***sí***, ***nosotros***, ***vosotros***, ***sí*** sont réfléchis, on recourt à ***mismo***, ***a/s***. Avec moi : ***conmigo***, avec toi : ***contigo***, avec soi : ***consigo***.

¡Yo!	*Moi !*
¡Me toca a mí! ¡No a ti!	*C'est mon tour ! Pas le tien !*
Para mí haces bien en ir.	*Pour moi tu as raison d'y aller.*
Según yo también.	*D'après moi aussi.*
Todos excepto tú fracasaron.	*Ils ont tous échoué sauf toi.*
Soñé contigo.	*J'ai rêvé de toi.*
Eres dura contigo misma.	*Elle est dure avec elle-même. (réfléchi)*

Me lo dijo él mismo.	Il me l'a dit lui-même. (sujet)
Se lo dijo para sí mismo.	Il se le dit à lui-même. (compl.)

> **Expressions avec des pronoms personnels sujets :** *Yo que* (*tú que*) + nom ou pronom sujet + imparfait = *yo tú en el lugar de* + nom ou pronom + conditionnel : *moi* (*toi*) *à la place de*.

Tú que él (en su lugar) ¿qué harías?	Qu'est-ce que tu ferais à sa place ?
Yo que tú no iba.	Moi à ta place je n'irais pas.
Yo que ustedes me lo pensaba.	Moi à votre place j'y réfléchirais.
Compréndelo por ti mismo.	Comprends par toi-même.
Lo entenderá él solo.	Il comprendra tout seul.
Mi memoria no da más de sí.	Ma mémoire n'est pas extensible.
Es quisquillosa como ella sola.	Elle est pointilleuse comme pas deux.
Es tiquismiquis como él solo.	Il est chichiteux comme pas deux.
Ya es complicado de por sí.	C'est déjà compliqué en soi.
Peor para ti.	Tant pis pour toi.
Allá ellos.	Tant pis pour eux.
Mejor para vosotras.	Tant mieux pour vous.
Entre tú y yo me cuesta decidir.	De toi à moi j'ai du mal à décider.

58. Pues

> **Pues** : *eh bien* (en tête de phrase), *car* (entre deux phrases), *donc* (après le sujet ou le verbe).

Pues no lo sé.	*Eh bien je l'ignore.*
No voté pues no me di de alta a tiempo.	*Je n'ai pas voté car je ne me suis pas inscrit à temps.*
Acompañé pues a los demás.	*J'ai donc accompagné les autres.*
El libro, pues, me cautivó.	*Le livre, donc, m'a captivée.*

> Faux-ami

Estuvo un par de horas y luego se marchó.	*Il est resté une heure ou deux et puis il est parti.*
Luego nos vemos.	*On se voit plus tard.*
Pienso luego soy.	*Je pense donc je suis.*

59. Que

Que, plus connu comme relatif (*qui*) et comme conjonction complétive (verbe + ***que*** + COD), est employé couramment dans d'autres situations.

> **En début de phrase :** pour insister (même mode), introduire le souhait (subjonctif présent), traduire *pour autant que* (subjonctif présent) ou pour marquer l'agacement quand on doit répéter une

réponse ou une question (même mode ou subjonctif quand on répète un impératif).
Entre deux phrases (mode requis par la conjonction remplacée) : pour marquer la cause, la conséquence ou le but.

¡Oye, que suena el timbre!	*Eh, ça sonne !*
Que por fin llegan mañana.	*Tu sais, finalement ils arrivent demain.*
Que yo recuerde.	*Pour autant que je m'en souvienne.*
Que ella sepa.	*Pour autant qu'elle sache.*
No fumes, que el tabaco es muy perjudicial.	*Ne fume pas car le tabac est très nocif.*
Hace un calor que nos asamos.	*Il fait une telle chaleur que nous étouffons.*
Acércate que te lo diga al oído.	*Approche-toi (pour) que je te le dise à l'oreille.*
Vísteme despacio, que tengo prisa.	*Hâtons-nous lentement.*
¿Que cuándo vienes?	*Je te demandais quand est-ce que tu venais ?*
¡Que vengas!	*Viens te dis-je !*
¿Que si vienes?	*Je te demande si tu viens ?*
¡Que sí!	*Pour la deuxième fois, oui.*
¡Que cuando vino, me dio las gracias!	*Je te répète qu'il m'a remerciée quand il est venu.*

▶ **Cas d'omission :** on omet couramment *que* après les verbes d'obligation, d'ordre et de prière et après *temer* + phrase négative.

Temo no llegue a tiempo.	*Je crains qu'il n'arrive pas à temps.*
Espero estés bien.	*J'espère que tu vas bien.*
Te ruego no me contestes con ese tono.	*Je te prie de ne pas me répondre sur ce ton.*
Me mandaron lo entregara sin tardar.	*On m'a ordonné de le rendre sans retard.*

60. Quel que

▸ ***Cualquiera que**, **cualesquiera que*** (quoi que, quel(le, s) que, quiconque), ***quien quiera que**, **quienes quieran que*** (qui que), ***donde quiera que*** (où que), ***cuando quiera que*** (à quelque moment que), ***como quiera que*** (de quelque façon que) sont suivis du subjonctif.

Como quiera que lo hagan	*Quelle que soit leur façon de faire*
Cuando quiera que lleguéis	*Quelle que soit l'heure de votre arrivée*
A donde quiera que vayamos	*Où que nous allions*
Quienes quiera que fuesen Cualesquiera que fuesen	*Qui qu'ils fussent*
Quien quiera que te viera Cualquiera que te viera	*Quiconque te verrait*
Cualquiera que sea tu opinión	*Quoi que tu en penses*

- Ces formes lourdes sont couramment remplacées par le verbe au subjonctif répété et relié par une conjonction (précédée si nécessaire d'une préposition) : ***cual*** (***cuales***), ***lo que, el que*** (***la que, los que, las que***), ***cuando, como, donde, quien*** (***quienes***), ***por lo que***.

Lo hagan como lo hagan.	*Quelle que soit leur façon de faire.*
Lleguéis cuando lleguéis.	*Quelle que soit l'heure de votre arrivée.*
Vayamos a donde vayamos	*Où que nous allions*
Fuesen quienes fuesen	*Qui qu'ils fussent*
Te viera quien te viera	*Quiconque te verrait*
Pienses lo que pienses	*Quoi que tu en penses*
Sea por lo que sea	*Quel qu'en soit le motif*
Elijas lo que elijas	*Quel que soit ton choix*
Elijas cual elijas	*Quelle que soit celle que tu auras choisie*
Tomes la decisión que tomes	*Quelle que soit ta décision*

- Expressions

Sea como fuere	*Quoi qu'il en soit*
Gane quien gane, será un partidazo	*Quel que soit le vainqueur, ce sera un beau match*
Caiga quien caiga	*Même si des têtes doivent tomber*
Cueste lo que cueste	*Quel qu'en soit le prix*

Pase lo que pase, ocurra lo que ocurra	*Quoi qu'il arrive*
Hagas lo que hagas	*Quoi que tu fasses*
Diga lo que diga	*Quoi qu'il en dise*

 Qui

> *Que* dans la relative déterminative qui sélectionne une partie de l'antécédent. *Que* (ou *quien, quienes* pour les personnes seulement) dans la relative explicative qui apporte une information supplémentaire sur l'antécédent tout entier.

Cambié las pilas que estaban gastadas.	*J'ai changé les piles qui étaient usagées. (uniquement celles-ci)*
Llamaron a las personas que tenían cita.	*On appela les personnes qui avaient rendez-vous. (uniquement celles-ci)*
Cambié las pilas, que estaban gastadas.	*J'ai changé les piles, qui étaient usagées. (toutes)*
Llamaron a las personas, que tenían cita. (quienes tenían cita)	*On appela les personnes qui avaient rendez-vous. (toutes)*

> *El cual, la cual, los cuales, las cuales* évite les confusions si l'antécédent est éloigné ou lorsque *qui* est précédé d'un adverbe ou d'une préposition. *Lo cual* est neutre : *ce qui, quoi*.

El jefe para el cual trabajé era amigo mío,	*Le patron pour qui j'ai travaillé était de mes amis,*
lo cual no estaba reñido con la seriedad.	*ce qui n'était pas incompatible avec le sérieux.*
Tras lo cual echamos un trago.	*Après quoi nous bûmes un verre.*
Con lo cual quiero decir que...	*Je veux dire par là que...*
Con lo cual estoy a la espera.	*Ce qui fait que je suis dans l'attente.*
Era una chica con quien congeniabas.	*C'était une fille avec laquelle tu avais des affinités.*
Era una mujer bandera que llevaba un bufete de abogados y con la cual congeniabas.	*C'était une femme de tête qui dirigeait un cabinet d'avocats, et avec qui tu avais des affinités.*

▶ **Expressions**

Como quien no quiere la cosa.	*Mine de rien*
Como quien dice.	*Comme qui dirait.*
Como quien oye llover.	*Dans la plus parfaite indifférence*
No hay quien lo entienda.	*Va comprendre.*
Quien calla otorga.	*Qui ne dit mot consent.*
El que con fuego juega, se quema.	*Qui s'y frotte s'y pique.*
Quien no se arriesga, no pasa la mar.	*Qui ne risque rien, n'a rien.*

62. Répétition

> ▶ ***Volver a*** + infinitif ou verbe + ***de nuevo, otra vez*** : verbe + *à nouveau* s'emploie pour la répétition d'une action. Quand la répétition de l'action signifie un ajout : verbe + ***otro*** + nom ou quantitatif (*encore*), verbe + nom ou quantitatif + ***más*** (*de plus*).

Volvamos a intentarlo.	*Essayons à nouveau.*
¡Vuelve a empezar!	*Recommence !*
Lo explico de nuevo.	*J'explique à nouveau.*
Léelo otra vez.	*Lis ça à nouveau.*
He perdido otros dos puntos.	*J'ai encore perdu deux points.*
Ya me había puesto dos kilos, me echó tres más.	*Elle m'en avait déjà mis deux kilos, elle m'en remit trois.*

> ▶ **Prudence** : seuls certains verbes admettent ***re***, d'autres commencent par ***re*** mais ne marquent pas la répétition.
> **Attention au français** : *rappeler* veut-il dire *appeler à nouveau, remettre en mémoire* ou *se souvenir* ?

Lo releí varias veces.	*Je l'ai relu plusieurs fois.*
Reconstruí el puzle.	*J'ai remis en place les pièces du puzzle.*
Reembolsaron a los clientes.	*Les clients furent remboursés.*
¡Que no se vuelva a producir!	*Que ça ne se reproduise pas !*
Esta fotocopiadora sólo reproduce en blanco y negro.	*Cette photocopieuse ne reproduit qu'en noir et blanc.*
Volverá a embolsar beneficios.	*Il va à nouveau se mettre dans la poche des bénéfices.*

Volverán a producir antes de Navidad el agotado juego.	*Ils produiront à nouveau avant Noël le jeu épuisé.*
Le vuelvo a llamar mañana.	*Je vous rappelle demain.*
Le recuerdo que aquello ya pasó.	*Je vous rappelle que c'est une vieille histoire.*
No recuerda nada.	*Il ne se rappelle rien.*
El terremoto incidió en el crecimiento.	*Le tremblement de terre se répercuta sur la croissance.*
Reincidió al año.	*Il a récidivé au bout d'un an.*

▶ **Autres formes :** verbe + *que* + verbe (sans arrêt), ***venga a*** (irritation), ***y*** (sans relâche), ***vuelta a*** + infinitif : *et de... encore.*

Y él habla que habla.	*Et lui, il parlait sans arrêt.*
Y él venga a preguntar.	*Et lui qui n'arrêtait pas de questionner.*
Vuelta a explicarlo desde el principio.	*On réexplique depuis le début.*
Preguntando y preguntando se llega a todas partes.	*En demandant sans relâche, on arrive partout.*
Pregunté y pregunté hasta que lo encontré.	*J'ai questionné inlassablement jusqu'à ce que je l'aie trouvé.*

63. Ser et estar

Voir « Phrase passive » pour choisir entre ***ser*** et ***estar*** devant un participe passé.

▶ Toujours *ser* avec nom, pronom, infinitif. Toujours *estar* avec un complément circonstanciel.

Era un artículo reciente.	C'était un article récent.
Es ése, es mío.	C'est celui-là, c'est le mien.
Lo importante es participar.	L'important c'est de participer.
¡Somos nosotros!	C'est nous !
Estamos en primavera.	Nous sommes au printemps.
Estamos en Madrid.	Nous sommes à Madrid.
Estamos de pie.	Nous sommes debout.
Estoy con tu hermana.	Je suis avec ta sœur.

▶ *Ser* + adjectif (permanent), *Estar* + adjectif (circonstanciel). Toujours *ser* avec un adjectif qui peut, en respectant le contexte, être construit ainsi : il est + adjectif + que (sauf *estar bien, mal*).

Es loco de atar; está loco de alegría.	Il est fou à lier ; il est fou de joie.
El miedo es libre; ya está libre.	On est libre d'avoir peur ; il est enfin libre.
Es extraño que no esté todavía.	C'est bizarre qu'elle ne soit pas encore là.
Es lógico.	C'est logique.
Es increíble.	C'est incroyable.

▶ Double usage

Es agradecido.	C'est une personne reconnaissante.

Le estoy agradecido.	*Je vous suis reconnaissant.*
Es atento.	*Il est attentionné.*
Está atento.	*Il est attentif.*
Es callado.	*Il parle peu.*
Está callado.	*Il reste en silence.*
Es confuso.	*C'est confus.*
Está confuso.	*Il est confus.*
Mi cartera es negra.	*Mon cartable est noir.*
Está negra.	*Elle est furieuse.*
Es orgulloso.	*Il est orgueilleux.*
Está orgulloso.	*Il est fier.*
Está salado.	*C'est salé.*
Es salada.	*Elle est spirituelle, gracieuse.*
Es violenta.	*Elle est violente.*
Estamos violentos.	*Nous sommes mal à l'aise.*
Es alegre.	*Il est de nature joyeuse.*
Está alegre.	*Il est joyeux, il est éméché.*
Es mala.	*Elle est méchante.*
Está mala. (populaire)	*Elle est malade.*

▶ Quelques exemples d'usage exclusif

Está anclado en la realidad.	*Il est ancré dans la réalité.*
(Ya) está bien.	*C'est bon, ça suffit.*
Ya está.	*Ça y est.*
Está mal.	*C'est mal, il (elle) va mal.*

Están cambiados los papeles.	*Les rôles sont inversés.*
Así está claro.	*Comme ça, c'est clair.*
Estoy dividida.	*Je suis partagée.*
Estoy encantada.	*Je suis enchantée.*
Está contentísimo.	*Il est très content.*
Está encumbrado.	*Il est haut placé.*
Está harta.	*Elle en a assez.*
Está helado.	*C'est glacé, il est stupéfait.*
Está lleno de faltas.	*C'est plein de fautes.*
Está maravillado.	*Il est émerveillé.*
Estamos satisfechos.	*Nous sommes satisfaits.*
La cartera está vacía.	*Le portefeuille est vide.*
Estoy volada.	*Je suis vraiment confuse.*
Soy propenso al pesimismo.	*Je suis enclin au pessimisme.*

64. Souhait et regret

▶ ***Ojalá*** + subjonctif présent ou passé (souhait réalisable) : *pourvu que*. ***Ojalá*** + subjonctif imparfait (souhait plus improbable) : *si seulement*. ***Ojalá*** + subjonctif plus-que-parfait (regret) : *ah si, si seulement*.

¡Ojalá tengan suerte esta tarde!	*Pourvu qu'ils aient de la chance cet après-midi !*
¡Ojalá hayan tenido suerte esta mañana!	*Pourvu qu'ils aient eu de la chance ce matin !*

¡Ojalá tuvieran suerte en la prueba de ayer!	Si seulement ils pouvaient avoir eu de la chance hier !
¡Ojalá les dieran otra oportunidad!	Si seulement on leur donnait une deuxième chance !
¡Ojalá hubieran tenido más suerte!	Ah si seulement ils avaient eu plus de chance !

▶ **Autres expressions du souhait : *con tal que* :** pourvu que (exclamation et subordination). ***Que*** + subjonctif.

¡Que os lo paséis bien!	Amusez-vous bien !
¡Que la suerte te acompañe!	Que la chance soit avec toi !
¡Con tal que nos reciba!	Pourvu qu'il nous reçoive !
Con su pan se lo coma.	Grand bien lui fasse.

▶ Expressions du regret

¡Lástima que no me haya enterado antes!	Dommage que je ne l'aie pas su plus tôt !
¡Qué pena que no podamos verlo!	Quel dommage que nous ne puissions voir ça !
Si por lo menos me dijeras la verdad.	Si au moins tu me disais la vérité.
¡Haberme avisado con tiempo!	Il fallait m'avertir à temps !
¡Quién hubiera aceptado!	Ah si j'avais accepté !

▶ **Regretter :** ***sentir*** (*être désolé*), ***lamentar*** (*déplorer*), ***pesar*** (*avoir des remords*), ***arrepentirse*** (*se repentir*), ***echar de menos*** (absence), ***echar en falta*** (disparition).

Sentimos que no le haya gustado.	*Nous regrettons que cela ne vous ait pas plu.*
Lamento el incidente.	*Je regrette cet incident.*
Me arrepiento de lo que ha pasado.	*Je regrette ce qui s'est produit.*
Me arrepiento de que no hayamos peleado más.	*Je regrette que nous n'ayons pas été plus combatifs.*
Me pesa haber sido tan duro.	*Je regrette d'avoir été si dur.*
Echo de menos a mi familia.	*Je regrette ma famille. (elle me manque)*
Echo en falta la pluma que me robaron.	*Je regrette le stylo plume qu'on m'a volé.*

65. Subjonctif

Subordonnée en français	Subordonnée en espagnol
Futur	subjonctif présent
Futur antérieur	subjonctif passé
Conditionnel	subjonctif imparfait
Conditionnel passé	subjonctif plus-que-parfait

▶ Cette règle s'applique aux circonstancielles (***como, cuando, donde, tan pronto como***...), aux corrélations et aux relatives hypothétiques (action non réalisée). Elle ne s'applique pas à l'interrogation indirecte qui se distingue par un accent sur l'interrogatif.

Me pasaré cuando quieras.	*Je passerai quand tu voudras.*
Hazlo como puedas.	*Fais-le comme tu pourras.*
Veranearé donde haya sol, dijo el lagarto.	*J'irai en vacances là où il y aura du soleil, dit le lézard.*
Alquilaremos un piso que tenga calefacción.	*Nous louerons un appartement qui ait le chauffage.*
Te dije que compraras cuantos te gustaran.	*Je t'ai dit d'acheter tous ceux qui te plairaient.*
Cuanto más insistas, más se empecinará.	*Plus tu insisteras, plus il s'obstinera.*
En cuanto me haya dado la vuelta, volverá a empezar.	*Il recommencera dès que j'aurai le dos tourné.*

▶ Tournures impersonnelles de type *il* + verbe d'état + adjectif + *que* toujours suivies du subjonctif, sauf expression de la certitude. (voir aussi les conjonctions de subordination dans les rubriques Subordonnée de)

Resulta interesante que lo confirmes.	*Il est intéressant que tu confirmes.*
Es admirable que aún practique el yudo a sus años.	*Il est admirable qu'elle fasse encore du judo à son âge.*
Parece tonto que lo diga pero es la pura verdad.	*C'est bête à dire mais c'est la vérité toute nue.*
Es maravilloso que lo hayas conseguido.	*C'est merveilleux que tu y sois arrivé.*
Es cierto que no lo comprobé.	*Il est vrai que je n'ai pas vérifié.*
Es seguro que nos mudamos de casa.	*Il est sûr et certain que nous déménageons.*

Es obvio que aún no está decidido. *Il est évident que rien n'est encore décidé.*

▸ Subjonctif après les verbes de conseil, de doute, d'ordre, de prière, de souhait, de regret et les verbes à valeur affective.
Attention : *decir que* + indicatif : *dire que*, ***decir que*** + subjonctif : *dire de*. (voir Pronoms compléments et Obligation impersonnelle)

Te aconsejo que seas más ordenado. *Je te conseille d'être plus ordonné.*

Dudo que lleguemos para el partido. *Je doute que nous arrivions à temps pour le match.*

Mandó a sus hombres que dieran el asalto. *Il ordonna à ses hommes de donner l'assaut.*

Rogó a los presentes que le disculparan. *Il a prié les personnes présentes de l'excuser.*

Deseo que se atenga a razones. *Je souhaite qu'il entende raison.*

Me entristece que no se hayan despedido siquiera. *Ça m'attriste qu'ils n'aient même pas pris congé.*

Me alegra que se hayan casado. *Je me réjouis qu'ils se soient mariés.*

Me gusta que seas decidida. *J'aime que tu sois résolue.*

▸ Double construction de ***mandar, ordenar, prohibir, dejar, impedir, permitir, aconsejar*** : subjonctif ou infinitif lorsque le complément est un pronom. Mais subjonctif obligatoire si le complément est un nom.

Nos mandó salir. *Elle nous ordonna de sortir.*

Ordenó a los niños que se estuvieran quietos.	*Elle ordonna aux enfants de se tenir tranquilles.*
Se prohíbe fumar.	*Il est interdit de fumer.*
Se prohíbe que fumen los pasajeros en los aviones.	*On a interdit aux passagers de fumer dans les avions.*
Déjenme pasar.	*Laissez-moi passer.*
Dejen que pase este señor.	*Laissez passer ce monsieur.*

▶ Subjonctif après verbes d'opinion à la forme négative (sauf verbe introducteur à l'impératif ou interrogation indirecte).

No creo que venga ya.	*Je ne crois plus qu'il viendra.*
No creo que me equivoque.	*Je ne crois pas me tromper.*
No pensé que fueran capaces.	*Je ne pensais pas qu'ils en seraient capables.*
No me parece que tenga razón.	*Je ne crois pas qu'il ait raison.*
Me parece que se equivoca, señor.	*Je crois que vous vous trompez, Monsieur.*
No creas que le vencerán.	*Ne crois pas qu'il se fera battre.*
No sé si cumplirá su palabra o no.	*Je ne sais pas s'il respectera sa parole ou pas.*

▶ **Le subjonctif dans une phrase indépendante :** impératif, expression du souhait ou de l'éventualité.
(voir Souhait et regret, Peut-être)

Que disfrutéis de las vacaciones.	*Profitez bien de vos vacances.*

Nos guste o nos guste, así es.	C'est comme ça, que ça nous plaise ou non.
Pasen señores.	Passez Messieurs.
Venga o no venga, me da igual.	Qu'il vienne ou pas, ça m'est égal.
Ande no ande, caballo grande.	À la guerre comme à la guerre.
Tal vez guste más con una foto de portada.	Ça plairait peut-être plus avec une photo en couverture.

66. Subordonnées de but

> Conjonctions + infinitif ou *que* + subjonctif. Verbes à sens final + *por* + infinitif ou *porque* + subjonctif. (voir Porque)

Llámame para que quedemos.	Appelle-moi pour convenir d'un rendez-vous.
Lo conservé a fin de examinarlo. (con el fin de)	Je l'ai gardé afin de l'examiner.
Te lo dejo con objeto de que lo examines.	Je te le prête afin que tu l'examines.
Lo preparé todo con vistas a mudarme de país.	J'ai tout préparé en vue de déménager dans un autre pays.
Se desvive porque a su familia no le falte de nada.	Il se met en quatre pour que sa famille ne manque de rien.
Lucharon porque el ministro renunciara.	Ils ont lutté pour que le ministre démissionne.
Luchó por salir adelante.	Elle a lutté pour s'en sortir.

Me di prisa porque se respetara el plazo.	*Je me suis dépêchée pour tenir les délais.*

> Verbe de mouvement + ***a*** + infinitif ou ***que*** + subjonctif = ***para***

Vine a devolverte el dinero.	*Je suis venu te rendre l'argent.*
Le llevé al dentista a que le sacase las muelas del juicio.	*Je l'ai emmené chez le dentiste pour qu'il lui arrache les dents de sagesse.*
Me acerqué a cerciorarme de que estabas bien.	*Je suis passé m'assurer que tu allais bien.*

67. Subordonnée de cause

> *Parce que* : ***porque*** + indicatif ou ***por*** + infinitif, ***porque*** + subjonctif si la principale négative réfute la cause exprimée. *Ce n'est pas parce que* : ***no porque*** + subjonctif ou ***no por*** + infinitif. ***No por ello*** + indicatif : *ne... pour autant.* (voir Porque)

Quiero verte porque hay novedades.	*Je veux te voir parce qu'il y a du nouveau.*
Le tembló la voz por sufrir pánico escénico.	*Sa voix défaillit parce qu'elle avait le trac.*
No pedí auxilio porque no lo necesité.	*Je n'ai pas appelé à la rescousse parce que je n'en ai pas eu besoin.*
No grité porque me asustara sino porque no os localizaba.	*Je n'ai pas crié parce que j'aurai eu peur mais parce que je ne savais pas où vous étiez.*

No porque pida disculpas, queda todo resuelto.	*Ce n'est pas parce qu'il s'excusera que tout est résolu.*
No por faltarme la tele, estoy peor informada.	*Ce n'est pas parce que je n'ai pas la télé que je suis moins bien informée.*
No por madrugar, amanece más temprano.	*Rien ne sert de courir, il faut partir à point.*
No por ello me animo a seguir adelante con el proyecto.	*Je n'ai pas pour autant envie de donner suite au projet.*

▶ Conjonctions diverses

No habló por miedo a ser censurado.	*Il n'a pas parlé de crainte d'être critiqué.*
No quiero por lo mismo que tú decías.	*Je ne veux pas pour les mêmes raisons que tu invoquais.*
Me decanté por el azul pues combina con mis zapatos.	*J'ai choisi le bleu car il est assorti à mes chaussures.*
Calló por temor a que lo censurasen.	*Il s'est tu de crainte qu'on le blâme.*
Dado que no se reúnen las condiciones, me voy.	*Étant donné que les conditions ne sont pas réunies, je pars.*
Visto que es un farsante, no sé qué a qué esperas.	*Vu que c'est un rigolo, je ne sais pas ce que tu attends.*
En vista de que no le atendían, se fue.	*Attendu qu'on ne s'occupait pas de lui, il s'en alla.*
Ya que es usted tan amable de proponérmelo, me quedo.	*Puisque vous avez l'amabilité de me le proposer, je reste.*

Puesto que así lo deseas.	Puisque tel est ton souhait.
Debido a que no funcionó la alarma, se extendió el incendio.	Du fait que l'alarme n'a pas marché, l'incendie s'est propagé.
A raíz de que declarase sus intenciones, no le dejaron en paz.	Suite à ses déclarations d'intention, on ne le laissa pas tranquille.
Con el pretexto de que ya iba tarde, no se dio más prisa.	Sous prétexte qu'elle était déjà en retard, elle ne s'est pas dépêchée davantage.
Lo preparo todo con el propósito de instalarme.	Je prépare tout dans le but de m'installer.

▶ *À force de, tant, tellement* avec un verbe : **de (*tanto*), *a fuerza de*** + infinitif, ***de tanto como*** + verbe conjugué.

Nos mareó de tanto insistir.	Elle nous a saoulés à force d'insister.
A fuerza de intentarlo, lo conseguirá.	À force d'essayer, il y arrivera.
De tanto como lo repitió, acabó liándose.	À force de le répéter, il a fini par s'embrouiller.
Le duele la mano de pintar el coche.	Il a mal à la main à force de peindre la voiture.
De tanto reir, se me saltaron las lágrimas.	À force de rire, j'en ai les larmes aux yeux.

▶ *À force de, tant, tellement* avec un nom : ***de tanto, a, s... como*** ou ***del, de los, de la, de las... que*** + verbe, ***a fuerza de..., con tanto, a, s... De puro, por puro, a, s*** : *par pur*.

A fuerza de tesón, triunfará.	*Il réussira à force de ténacité.*
De tanta simpatía, se granjeó la amistad de todos.	*À force de sympathie, il gagna l'amitié de tous.*
De las ganas que tenía de llegar, se apeó en marcha.	*Il avait tellement envie d'arriver qu'il descendit en marche.*
Con tantas críticas, lo vas a desanimar.	*Tu vas le décourager à force de le critiquer (avec toutes ces critiques).*
Me quedé dormido de puro agotamiento.	*Je me suis endormi par pure fatigue.*
Te lo digo por pura amabilidad.	*Je te le dis par pure gentillesse.*
No le atropellé de pura casualidad.	*Je ne l'ai pas écrasé par pure chance.*

▶ *À force de, tant, tellement* avec un adjectif, un participe passé ou un adverbe : **de** (+ ***tan***)... (***que, como***), ***de lo*** ou ***por lo***... (***que***), ***de puro*** + adjectif ou participe passé... Les exemples vous montrent la diversité des combinaisons possibles.

De puro tímida, se echó para atrás.	*Elle a fait machine arrière tellement elle est timide.*
De exageradas sus palabras no surtían el menor efecto.	*Son discours était tellement outrancier, qu'il ne produisait pas d'effet.*
De tan despistados, se fueron sin despedirse.	*Ils sont tellement étourdis qu'ils sont partis sans prendre congé.*

De impacientes que estaban, se fueron sin abonar la cuenta.	*Elles étaient tellement impatientes qu'elles sont parties sans régler la note.*
Por lo increíble que resulta la noticia, cuesta creérsela.	*Cette nouvelle est tellement incroyable qu'on a du mal à la croire.*
De lo prisa que iba, se saltó el semáforo.	*Il allait tellement vite qu'il a grillé le feu.*
De tan avergonzadas como estaban, se pusieron coloradas.	*Elles étaient tellement honteuses, qu'elles ont rougi.*

68. Subordonnée conditionnelle

▶ Si la principale est au conditionnel, changement de mode après *si*.

Si llueve, no salgo (no saldré).	*S'il pleut, je ne sors pas (je ne sortirai pas).*
Si llovía, no salíamos.	*S'il pleuvait, on ne sortait pas.*
Si lloviera, no saldría.	*S'il pleuvait, je ne sortirais pas.*
Amenazaba con irse si la espera se prolongaba.	*Il menaçait de partir si l'attente était trop longue.*

▶ ***Si algún día*** : si un jour, si à l'occasion, ***si acaso*** : si d'aventure, si par hasard, ***como*** + subjonctif : *si jamais* (avertissement positif ou négatif).

Si algún día te pasas por aquí, tengo uno de repuesto.	*Si par hasard tu passes par ici, j'en ai un de rechange.*

Como sigas en ese plan, te vas a estrellar.	*Si tu ne changes pas d'attitude, tu vas te planter.*
Como no domines el idioma, te cuesta integrarte.	*Si jamais on ne maîtrise pas la langue, on a du mal à s'intégrer.*
Como lo repases hoy, todo saldrá bien.	*Si jamais tu révises aujourd'hui, ça ira.*
Si acaso te topas con él, recuérdale la cita.	*Si d'aventure tu tombes sur lui, rappelle lui le rendez-vous.*
Caso de que quiera negociar, no hagas el primo.	*Au cas où il voudrait négocier, ne te fais pas avoir.*

▶ ***Como si*** et ses équivalents : ***como que*** + indicatif (la feinte), ***como*** + gérondif (manière). ***Como si*** est toujours suivi du subjonctif imparfait ou plus-que-parfait dans le sens de *comme si* mais qu'il existe un ***como si*** + indicatif qui exprime l'indifférence face à un choix. ***¡Ni que…!*** exprime l'indignation.

Me lo dices como si dudaras.	*Tu me dis ça comme si tu hésitais.*
Me lo dijo como dudando.	*Elle me l'a dit comme si elle hésitait.*
Hacía como que estudiaba.	*Elle faisait semblant de travailler (comme si).*
Oyó como que reían.	*Elle entendit des sortes de rires (comme si on riait).*
¡Ni que fuera una vergüenza!	*Comme si c'était une honte !*
¡Ni que fuera más que tú!	*Comme si c'était ton supérieur !*

Como si me dices que vas a México, estoy de acuerdo.	*Tu peux aussi bien me dire que tu vas au Mexique, je suis d'accord.*
Si estudio medicina como si estudio farmacia, yo deseaba cursar una carrera artística.	*Que je fasse des études de médecine ou de pharmacie, c'est pareil, moi je voulais faire des études d'art.*

> ▶ ***De*** + infinitif ou infinitif passé = ***si*** + subjonctif imparfait ou plus-que-parfait. ***Por si (acaso)*** + présent, imparfait ou passé composé de l'indicatif : *au cas où*. Les autres conjonctions sont suivies du subjonctif.

De haberlo sabido, no estaría aquí.	*Si j'avais su, je ne serais pas là.*
De presentarte tú, sería distinto.	*Ce serait différent si c'était toi qui te présentais.*
De venir tus padres, les diría lo mismo.	*Si tes parents venaient, je leur dirais la même chose.*
En el supuesto de que aceptaras, empezarías ya.	*À supposer que tu acceptes, tu commencerais séance tenante.*
Firmo el contrato con la condición de que sea renovable.	*Je signe le contrat à condition qu'il soit renouvelable.*
Caso de que nos fallara, te llamaríamos.	*Dans le cas où il nous ferait faux bond, nous t'appellerions.*
Déjame un teléfono por si (acaso) lo necesito.	*Donne-moi un numéro de téléphone au cas où j'en aurais besoin.*

Yo, con tal (de) que funcione, tan contenta.	Moi, pourvu que ça marche, je n'en demande pas plus.
Siempre que no te dé cargo de conciencia, puedes seguir.	Du moment que ça ne te pèse pas, tu peux continuer.
Siempre y cuando tengas confianza, es lo más importante.	Du moment que tu as confiance, c'est le plus important.

▶ Expressions avec *si*

Si es caso	Le cas échéant
Te lo digo por si acaso.	Je te dis ça au cas où.
Si me es lícito rectificar	S'il m'est permis de corriger
Si estoy vacilando contigo.	Tu vois bien que je te charrie.
Si lo ve oportuno.	Si vous jugez cela opportun.
Si mal no recuerdo.	Si j'ai bonne mémoire.
Si no es molestia.	Si cela ne vous dérange pas.
Si no le importa.	Si ça ne vous fait rien.
Si no es mucho pedir.	Si ce n'est pas trop demander.
Si procede.	S'il y a lieu.
Si se tercia.	Si l'occasion se présente.
Si te he visto no me acuerdo.	Il ne connaît plus personne.
Si se tuercen las cosas.	Si les choses tournent mal.
Si vamos a eso	À ce compte-là
Si apruebo como si no apruebo, consigo un empleo.	Que je sois reçu ou pas, je décroche un travail.

Como si nada, como si tal cosa. *Comme si de rien n'était.*

69. Subordonnée de conséquence

Évitez l'anglicisme **so** avec **o sea (que)**, **de modo que**.

▶ *Tellement... que, si... que* : ***tan*** + adjectif, participe passé ou adverbe + ***que***, ***tanto***, ***a(s)*** + nom + ***que***, ***tanto que*** + verbe. ***Modo***, ***manera***, ***forma*** et ***suerte*** sont interchangeables dans les conjonctions de subordination.

Me lo he leído tantas veces que me lo sé de memoria. — *Je l'ai lu tant de fois que je le connais par cœur.*

He leído tanto que se me nubla la vista. — *J'ai tellement lu que ma vue se brouille.*

Lo leí tan a menudo que ya me lo sé. — *Je l'ai si souvent lu que je le connais maintenant.*

Cumpliste así que te pagaron, de modo que no le veo el problema. — *Tu as rempli ton contrat, par conséquent tu as été payé, de sorte que je ne vois pas où est le problème.*

Pues sí, me enfadé, tanto (es así) que di un portazo. — *Eh bien oui, je me suis fâchée, (tant et) si bien que j'ai claqué la porte.*

Así pues no queda ninguno. — *Ainsi donc il n'en reste aucun.*

Estoy por (lo) tanto indeciso. — *Par conséquent je suis indécis.*

Lo cerré de tal forma que resulta imposible abrirlo. — *Je l'ai fermé de telle façon qu'on ne peut plus l'ouvrir.*

Se preocupó hasta el punto de que me escribió una carta. (hasta tal punto que)	Il s'est inquiété au point de m'écrire une lettre. (à tel point que)
Me pasó otro tanto, por eso te pongo sobre aviso.	Il m'est arrivé de même c'est pourquoi je t'avertis.
Temía llegar tarde por lo que opté por el taxi.	Je craignais d'arriver en retard, c'est pourquoi j'ai choisi le taxi.
De ahí que me haga preguntas.	De là que je me pose des questions.
¡De ahí a que se me conteste!	De là à ce qu'on me réponde !
No me contestó, con lo cual no me animo.	Elle ne m'a pas répondu, ce qui fait que je ne me décide pas.

▶ *Donc* : *pues* après un nom ou un verbe, *así que* en tête de phrase ou entre deux phrases, *luego* entre deux phrases.
Autres traductions de *donc* : *conque* (alors, comme ça), *por ende* (par suite, par là), *o sea que* (autrement dit), temps de l'hypothèse, gérondif (postériorité), *venga* (encouragement), *ya* après un impératif (à la fin), *por favor* (s'il te plaît). (voir Pues)

La compañía pues quebró, la compañía quebró pues.	La compagnie a donc fait faillite.
Conque te dio una negativa, ¡vaya, vaya!	Donc il t'a dit qu'il refusait, eh bien dis donc !
Está enferma, o sea que faltará a la cita.	Elle est malade, elle ne sera donc pas au rendez-vous.
Así que ya ves, todo bien.	Donc tu vois, tout va bien.

Es una solución pacífica y, por ende, inmejorable.	C'est une solution pacifique et donc incomparable.
Pienso luego soy.	Je pense donc je suis.
¿Quién habrá hurgado en este cajón?	Qui donc a fouillé ce tiroir ?
Tropezó dando con sus huesos en el suelo.	Il trébucha et se retrouva donc au tapis.
¡Venga, habla, no temas!	Parle donc, ne crains rien !
Nos tienes en vilo, ¡dinos ya tu secreto!	Tu nous tiens en haleine. Dis-nous donc ton secret !
¡Por favor no se preocupe! De verdad que no pasa nada.	Ne vous faites donc pas de souci ! Ce n'est vraiment rien.

▶ *Assez pour* : ***lo bastante*** + adjectif, participe passé ou adverbe + (***como***) ***para*** ; ***suficiente***(***s***) ou ***bastante***(***s***) + nom + (***como***) ***para***.
Trop pour : ***demasiado*** + adjectif, participe passé ou adverbe + (***como***) ***para*** ; ***demasiado***, ***a***(***s***) + nom + (***como***) ***para***.

Eres lo bastante tolerante como para aceptarlo.	Tu es assez tolérant pour l'accepter.
Tienes fuerza suficiente como para encajar ese golpe.	Tu as suffisamment de forces pour accuser le coup.
Hay bastantes sillas como para que todos estemos sentados.	Il y a suffisamment de chaises pour que nous soyons tous assis.
Tengo sobrados motivos para sentirme ofendida.	J'ai des raisons plus que suffisantes pour me sentir offensée.

Hay demasiadas quejas como para obviarlas.	Il y a trop de plaintes pour pouvoir les ignorer.
No hemos tenido tanto tiempo (demasiado tiempo).	Nous n'avons pas eu tellement le temps.

70. Subordonnée de manière

Como est la conjonction de manière et de comparaison (*comme*) à ne pas confondre avec ***cómo*** (*comment*).

- ***Así como*** + indicatif : ainsi que, de même que. ***En tanto que*** : en tant que (= ***en calidad de***, ***en cuanto***), dans la mesure où (= ***en la medida en que***). ***Como*** + article + nom = ***cual*** + nom (littéraire).

Actué como me aconsejaste.	J'ai agi comme tu me l'avais conseillé.
Estoy viendo cómo arreglar tu ordenador.	Je regarde comment je pourrais réparer ton ordinateur.
No les hablo en tanto que superior vuestro sino en cuanto persona.	Je ne vous parle pas en tant que votre supérieur mais en tant qu'être humain.
Pasó como una exhalación (cual exhalación).	Il est passé en coup de vent.
Inglaterra, Alemania y Francia así como España	L'Angleterre, l'Allemagne et la France ainsi que l'Espagne
Así como vas andando, puedes ir en bici.	De même que tu y vas à pied, tu peux y aller en vélo.
Así como te lo expliqué...	Ainsi que je te l'ai expliqué...

Emplois de *así* (ainsi)

Así así.	Comme ci, comme ça.
No se logra así como así.	On n'y arrive pas si facilement.
¡Así cualquiera!	C'est trop facile !
¡No hables así de fuerte!	Ne parle pas si fort !
Me suspendieron, así es.	Je suis recalé, c'est comme ça.
Así las cosas	En l'état actuel des choses. Dans ces conditions.
Así lo confirmó el presidente.	C'est ce qu'a confirmé le président.
Así lo espero.	C'est ce que j'espère.
Así se desprende del artículo.	C'est ce qui ressort de l'article.
Así lo recoge el periódico.	C'est ce que dit le journal.
Así lo refleja la encuesta.	C'est ce que montre l'enquête.
Así no vamos a ninguna parte.	C'est un chemin vers nulle part.
Así se habla.	Bien parlé.
Así y todo, quiero probar suerte.	Malgré tout, je veux tenter ma chance.
Aun así, quisiera intentarlo.	Je voudrais quand même essayer.
Me gustaría pero no es así.	J'aimerais mais ce n'est pas le cas.
Y así sucesivamente.	Et ainsi de suite.

71. Subordonnée de temps et de lieu

Voir Subjonctif, Concordance, Gérondif, Infinitif et Desde.

> ***Cuando*** marque le temps (*quand*) mais aussi l'opposition (*alors que*). On peut sous-entendre ***ser*** ou ***estar*** et employer ***cuando*** + nom ou adjectif. *Où* spatial : ***donde***, *où* temporel : ***en que***

Cuando el río suena agua lleva.	*Il n'y a pas de fumée sans feu.*
Donde manda patrón, no manda marinero.	*Il vaut mieux s'adresser à Dieu qu'à ses saints.*
Fue el día en que llovió.	*C'était le jour où il a plu.*
Avísame cuando vengas.	*Avertis-moi quand tu viendras.*
No entiendo su negativa cuando me aseguraron el puesto.	*Je ne comprends pas votre refus alors que l'on m'avait assuré ce poste.*
Cuando aquella sequía	*À l'époque de cette sécheresse*

> ***Antes de que*** + subjonctif. ***Después de que*** + indicatif (fait réalisé) ou subjonctif (à venir). ***A medida que, conforme, según*** : *au fur et à mesure*. ***Siempre que*** : + indicatif : *chaque fois que* ou subjonctif : *du moment que*.

Cada vez que le veo a este payaso, me troncho.	*À chaque fois que je vois ce clown, je rigole.*
Siempre que llueve, escampa.	*Après la pluie le beau temps.*
Antes de disparar, avisa.	*Préviens avant de tirer !*

Antes de que hables, quiero puntualizar algo.	*Avant que tu ne parles, je veux préciser un point.*
Después de hablar tú, me tocará a mí.	*Après que tu auras parlé, ce sera mon tour.*
Después de cenar, vimos una película.	*Après avoir dîné, nous avons regardé un film.*
Después (de) que habló, dije unas palabras.	*Après qu'il a parlé, j'ai prononcé quelques mots.*
Después de que hables tú, brindaremos por su éxito.	*Après que tu auras parlé, nous boirons à son succès.*
Luego de levantarse el telón, empieza la función.	*Après le lever du rideau, la représentation commence.*
Tras caer el telón, aplaudimos con ganas.	*Après que le rideau est tombé, nous avons bien applaudi.*
Hasta que no acabe, no me comentes nada.	*Ne me dis rien jusqu'à la fin.*
Desde que se estrenó la película, la he visto tres veces.	*Depuis que le film est sorti, je l'ai vu trois fois.*
A medida que se lo explicaban, lo veía claro.	*À mesure qu'on lui expliquait, il y voyait clair.*
Conforme lleguen tus resultados, te tranquilizarás.	*À mesure que tes résultats arriveront, tu seras rassuré.*
Según avanzas, la cocina está a mano derecha.	*À mesure que tu avances, la cuisine est sur ta droite.*

▶ **La simultanéité :** *aussitôt que, dès que* : **tan pronto como, en cuanto** + verbe conjugué, **nada más** + infinitif, **así que** + subjonctif (soutenu). Ne pas confondre avec **en cuanto a** + nom ou pronom : *quant à. À peine, sitôt* : **apenas, no bien**. *En même temps que* : **al (mismo) tiempo que, a la par que**. *Au moment où* : **en el momento en que**.

En cuanto le veas, llámame.	*Dès que tu le verras, appelle-moi.*
Tan pronto como llegó, lo pasaron al salón.	*Aussitôt qu'il arriva, on le fit passer au salon.*
Así que pasen unos meses, vuelva a intentarlo.	*Dès que quelques mois seront passés, essayez à nouveau.*
Luego que vio el desastre, puso el grito en el cielo.	*Dès qu'elle vit le désastre, elle poussa les hauts cris.*
Nada más oírse el timbre, ladró el perro.	*Dès qu'on entendit la sonnette, le chien aboya.*
Apenas vio Miguel al mosquito cuando lo aplastó.	*À peine Michel avait-il vu le moustique qu'il l'écrasait.*
Apenas oyó zumbar a la avispa, sintió la picadura.	*À peine entendit-il bourdonner la guêpe qu'il sentit la piqûre.*
No bien le dieron el pasaporte, sacó el billete.	*Dès qu'on lui remit son passeport, il prit son billet.*
Nada más llegar, llamó a cobro revertido.	*Sitôt arrivée, elle appela en PCV.*
En el momento en que tú digas, paro la cuenta.	*J'arrête de compter quand tu le diras.*
En el preciso momento en que salga el cohete, se interrumpirá la cuenta atrás.	*Au moment exact où la fusée partira, le compte à rebours s'arrêtera.*
Oye música al tiempo que plancha.	*Il écoute de la musique en même temps qu'il repasse.*

Habla por el móvil a la par que conduce.	*Il parle sur son portable tout en conduisant.*

> ***Mientras*** et ***en tanto*** (***que***) + indicatif (durée et l'opposition) : *pendant que, tandis que*. ***Durante*** + nom : *pendant*. ***Hasta que*** + subjonctif : *jusqu'à ce que*. ***Mientras, hasta que, hasta tanto*** (***que***) + subjonctif : *tant que, du moment que*. ***Mientras que*** + indicatif : *tandis que*, (rare) *pendant que*. ***Mientras*** (***tanto***) : *pendant ce temps-là*. ***Mientras más*** (***menos***) = ***cuanto más*** (***menos***). (voir Corrélations)

Mientras mira la tele, repasa los apuntes.	*Il révise ses notes de cours pendant qu'il regarde la télé.*
Ganó con amplia ventaja mientras el partido opositor se desmoronaba.	*Il a remporté une large victoire tandis que le parti d'opposition s'effondrait.*
Mientras tanto no se te podía localizar.	*Pendant ce temps tu étais injoignable.*
Durante años, te abstuviste de votar, ¿por qué?	*Pendant des années, tu t'es abstenue. Pourquoi ?*
Mientras pueda, lo haré.	*Tant que je pourrai, je le ferai.*
Haz lo que quieras mientras no metas ruido.	*Fais ce que tu voudras du moment que tu ne fais pas de bruit.*
Está fresco mientras que éste no.	*Il est frais tandis que celui-ci ne l'est pas.*
Mientras, leeré el periódico.	*Pendant ce temps-là je lirai le journal.*
Mientras más puestos te ofrezcan, menos te alejarás.	*Plus on te proposera de postes, moins tu t'éloigneras.*

72. Substitutions de temps

De nombreux temps composés sont couramment remplacés par des temps simples afin d'alléger la phrase. Un temps simple, le conditionnel présent, peut aussi être remplacé mais pour certains verbes seulement ou pour apporter une nuance.

(voir C'est... qui, c'est... que)

▶ Substitution du conditionnel présent (ou passé) dans la principale par l'imparfait de l'indicatif pour affirmer une certitude. Substitution du conditionnel présent par l'imparfait du subjonctif limitée dans l'usage à *querer* et, plus rarement, à *deber, poder, saber, valer*. Substitution usuelle du conditionnel passé par le plus-que-parfait du subjonctif en *ra*.

Yo que tú no lo dudaba.	*Moi à ta place je n'hésiterais pas.*
Si pudiera, le decía las cuatro verdades.	*Si je pouvais, je lui dirais ses quatre vérités.*
Si me hubieras escuchado, evitabas el accidente.	*Si tu m'avais écouté, tu évitais l'accident.*
Quisiera probarme esos zapatos.	*Je voudrais essayer ces chaussures.*
Debiera darte vergüenza.	*Tu devrais avoir honte.*
Pudiera ser verdad.	*Ce pourrait être vrai.*
Más le valiera estudiar.	*Il ferait mieux de travailler.*
Nadie lo hubiera dicho.	*Personne n'aurait pu le dire.*

▶ *Creer, poder* et *deber* : substitutions du conditionnel passé ou du plus-que-parfait de l'indicatif + infinitif par l'imparfait de l'indicatif

(le passé simple ou le conditionnel présent) + infinitif passé, du passé composé + infinitif par le présent de l'indicatif + infinitif passé. ***Tener que*** : substitution du conditionnel passé ou du plus-que-parfait de l'indicatif + infinitif par l'imparfait de l'indicatif (ou le conditionnel présent) + infinitif passé pour l'obligation. ***Tener que***, ***deber de*** : substitution du passé composé + infinitif par le présent de l'indicatif + infinitif passé pour l'hypothèse.
(voir Probabilité et hypothèse)

Creía haber hecho bien.	*J'avais cru bien faire.*
Podías haber llegado antes.	*Tu aurais pu arriver plus tôt.*
Pude haberos avisado pero preferí daros la sorpresa.	*J'aurais pu vous avertir mais j'ai préféré faire la surprise.*
Deberíamos haber comprado un piso mayor.	*Nous aurions dû acheter un plus grand appartement.*
Puede haberse hecho daño.	*Il a pu se faire mal.*
Debe de haberse lesionado.	*Elle a dû se blesser.*
Teníais que haber prestado más atención.	*Vous auriez dû prêter plus d'attention.*
Tendríais que haber llamado.	*Vous auriez dû appeler.*
Creo haber oído el timbre.	*J'ai cru entendre sonner.*
Tiene que haberle pasado algo.	*Il a dû lui arriver quelque chose.*
Tenía que haber prestado el tomo que me faltaba.	*J'avais dû prêter le volume qui me manquait.*

▶ Substitution du plus-que-parfait de l'indicatif dans la subordonnée relative ou circonstancielle par le passé simple (on s'intéresse à l'action ponctuelle) ou le subjonctif imparfait en *ra*. Substitution du passé antérieur dans la subordonnée par le passé simple.

Le habían dado la medalla cuando subió al podio.	*On lui avait remis la médaille d'or quand il était monté sur le podium.*
Sacaron el champán que guardaran para tal ocasión.	*Ils ouvrirent le champagne qu'ils avaient gardé pour l'occasion.*
Se cumplieron las esperanzas que todos depositáramos en él.	*Les espoirs que nous avions tous fondé sur lui se réalisèrent.*
Ganó la medalla de oro tal y como lo vaticinó su entrenador.	*Il remporta l'or ainsi que l'avait annoncé son entraîneur.*
Cuando acabó de sonar el himno, todos aplaudieron.	*Quand l'hymne eut fini de retentir, tout le monde applaudit.*

73. Superlatif

Attention aux modifications orthographiques du superlatif absolu parfois nécessaires pour conserver le son de la dernière syllabe de l'adjectif. Les adjectifs en *ble* font le superlatif en *bilísimo*. Remarquez les quelques superlatifs irréguliers encore usuels.

▶ **Superlatif absolu :** *muy* + adjectif ou adjectif + suffixe *ísimo*

Es usted muy amable, es usted amabilísimo.	Vous êtes très aimable.
Es una pieza muy antigua, antiquísima.	C'est une pièce très ancienne.
Es una región muy pobre, pobrísima, paupérrima.	C'est une région très pauvre.
Es muy bueno, es buenísimo, es un pedazo de pan.	Il est très gentil, c'est un cœur d'or.
Es muy caro, es carísimo.	C'est très cher, c'est hors de prix.
Es una actriz muy famosa, es una actriz famosísima.	C'est une actrice très célèbre.

▶ **Autres tournures :** *requete, hiper, super, sumamente, la mar de*

La sala está requetellena.	La salle est archicomble.
Estoy (muy) pero que muy satisfecho.	Je suis vraiment très satisfait.
Estoy la mar de fastidiado.	Je suis drôlement embêté.
Es superbarato.	C'est extrêmement bon marché.
Es sumamente interesante.	C'est extrêmement intéressant.
Eres hipersensible.	Tu es hypersensible.

▶ **Superlatif relatif :** pas d'article, suivi de l'indicatif

Se aconseja la más elemental prudencia.	La prudence la plus élémentaire est de mise.

Se tomaron las medidas más urgentes.	*Les mesures les plus urgentes furent prises.*
Fue el rescate más logrado en el que participé.	*Ce fut le sauvetage le plus réussi auquel j'aie participé.*
Fue el operativo más sangriento que se conoce.	*Ce fut l'opération la plus sanglante que l'on connaisse.*

▶ Expressions superlatives

La mayoría	*La majorité*
Es más.	*Je dirais même plus, qui plus est.*
Tiene cada vez más problemas de vista y cada vez menos oído.	*Il a de plus en plus de problèmes de vue et de moins en moins d'audition.*
En pésimas condiciones	*Dans des conditions déplorables*
En condiciones óptimas	*Dans d'excellentes conditions*
Maximizó sus posibilidades.	*Il a optimisé ses chances.*
Marca un máximo.	*Il établit un record.*
Máxime si, máxime cuando	*Surtout si, surtout quand*
Es el máximo exponente de esa corriente artística.	*Il est le meilleur représentant de ce courant artistique.*
En sumo grado	*Au plus haut point*
Con sumo cuidado	*Avec un soin extrême*
La mayor prueba de ello es que no lo he logrado.	*La meilleure preuve en est que je n'y suis pas arrivé.*
Al mejor postor	*Au plus offrant*

Estar en máximos, bajo mínimos.	Être au plus haut, au plus bas.
Está por los suelos.	Elle a le moral dans les chaussettes.
Lo peor está por venir.	Le pire reste à venir.
El peor parado no eres tú.	Tu n'es pas le plus mal loti.
Estáis peor parados que yo.	Vous êtes moins bien lotis que moi.
En el peor de los casos	Au pire
Es un mal menor.	C'est un moindre mal.
Rompe todas las marcas.	Elle bat tous les records.
Es el colmo.	C'est le comble.
Me sobran energías.	J'ai de l'énergie à revendre.
Mejor (así), mejor que mejor	Tant mieux
Es una indirecta directísima.	Le sous-entendu est clair.
Es la gota que colma el vaso.	C'est la goutte d'eau qui fait déborder le vase.

Temps composés

Formation des temps composés : **Haber** + participe passé invariable. **Attention :** en français, on emploie l'auxiliaire *avoir* avec les verbes transitifs et l'auxiliaire *être* avec les pronominaux et intransitifs mais en espagnol le seul auxiliaire des temps composés est **Haber**. C'est une source d'erreurs car il faut distinguer en français *être* + participe passé à valeur adjectivale (***ser*** ou ***estar*** en espagnol) d'un temps composé avec l'auxiliaire *être* (***haber*** en espagnol). (voir Substitutions de temps)

Passé composé	Plus-que-parfait	Futur antérieur	Passé antérieur	Conditionnel passé
he	había	habré	hube	habría
has	habías	habrás	hubiste	habrías
ha	había	habrá	hubo	habría
hemos	habíamos	habremos	hubimos	habríamos
habéis	habíais	habréis	hubisteis	habríais
han	habían	habrán	hubieron	habrían

Subjonctif passé	Subjonctif plus-que-parfait
haya	hubiera
hayas	hubieras
haya	hubiera
hayamos	hubiéramos
hayáis	hubierais
hayan	hubieran

▶ Les temps composés marquent comme en français l'antériorité par rapport à l'action de la principale. Les temps composés du subjonctif sont d'un emploi fréquent. (voir Concordance, Souhait et regret, Peut-être, Subjonctif et les différentes Subordonnées)

Cuando he comprendido la pregunta, puedo contestar.

Quand j'ai compris la question, je peux répondre.

Habrás hecho los deberes, sólo entonces saldremos.

Tu auras fait tes devoirs, alors seulement nous sortirons.

Había visto al conejo y corría tras él.

Elle avait vu le lapin et lui courait après.

Cuando hubieron alcanzado la meta, cayeron exhaustos.

Quand ils eurent atteint le but, ils s'écroulèrent exténués.

Como hayas hecho una tontería, te vas a enterar.	*Si jamais tu as fait une bêtise, ça va être ta fête.*
Si hubiera sido yo, lo habría dicho.	*Si ça avait été moi, je l'aurais dit.*
Cuando te hayan dado el pasaporte, saca el billete.	*Quand on t'aura donné ton passeport, prends ton billet.*

▶ *Être* + participe passé en français = temps composé ou *être* + participe passé à valeur adjectivale. Sauf expression lexicalisée, si on peut changer le temps de la phrase et si on envisage l'action et non la situation, c'est un temps composé.

Ha vuelto a casa.	*Elle est retournée chez elle. (elle revient)*
La hoja está vuelta.	*La feuille est retournée.*
Ha subido al cuarto piso.	*Il est monté au quatrième. (il monte)*
El loro está subido en la rama más alta del árbol.	*Le perroquet est juché sur la plus haute branche de l'arbre.*
Se ha sentado en el sofá para descansar.	*Il s'est assis sur le canapé pour se reposer. (il s'assied)*
Está sentado desde hace un rato.	*Il est assis depuis un moment.*
Había muerto en un accidente de tráfico.	*Elle était décédée dans un accident de voiture. (elle décéda)*
Sólo pudo comprobar que el rehén estaba muerto.	*Il ne put que constater que l'otage était mort.*
Ha nacido a primera hora del día.	*Elle est née au petit jour. (Elle naquit)*

La tela está nacida.   *Le tissu est effiloché.*

75. Verbes irréguliers

Remarquez qu'un verbe diphtongue toujours si c'est le cas du nom ou adjectif de même famille (*el sueño*, donc *soñar* diphtongue) mais que l'inverse n'est pas vrai (*perder* diphtongue mais on dit *la pérdida*).

> ▶ Verbes de type *perder* ou *contar* : le *e* ou le *o* du radical deviennent *ie* et *ue* aux présents de l'indicatif et du subjonctif (sauf nous et vous) et à la 2e personne du singulier de l'impératif.

Ya es hora de que sientes cabeza. (sentar)	*Il est temps que tu te ranges.*
Siéntate por favor. (sentarse)	*Assieds-toi s'il te plaît.*
Queda un asiento libre.	*Il reste un siège inoccupé.*
Cuenta conmigo.	*Compte sur moi.*
La cuenta no sale.	*Le compte n'y est pas.*
La tienda cierra los sábados.	*La boutique ferme le samedi.*
La cotización al cierre	*Le cours à la clôture*
Quiere que lo consolemos.	*Il veut que nous le consolions.*
Mal de muchos consuelo de tontos.	*Ne pas être le seul n'est pas une consolation.*
Aquí nunca hiela	*Ici il ne gèle jamais.*
Vendían antaño bloques de hielo.	*On vendait jadis des pains de glace.*

Nunca acierto la respuesta.	*Je ne trouve jamais la bonne réponse.*
Es todo un acierto.	*C'est très réussi.*
Una ola de atentados ensangrienta el país.	*Une vague d'attentats ensanglante le pays.*
Un atentado sangriento	*Un attentat sanglant*
Lo defiendo a capa y espada.	*Je le défends bec et ongles.*
Disparó en defensa propia.	*Il a tiré en légitime défense.*
Juegas al tenis.	*Tu joues au tennis.*
¡Qué mal huele!	*Qu'est-ce que ça sent mauvais !*
Siempre yerro el golpe.	*Je manque toujours mon coup.*
Quiero enmendar el yerro.	*Je veux réparer cette erreur.*
No pierdas la esperanza.	*Ne perds pas espoir.*
La pérdida de valores	*La perte des valeurs*
Deja que muevan pieza.	*Laisse-les avancer leur pion.*
Ése se arrima al sol que más calienta.	*Celui-là est toujours du bon côté.*
La situación tiende a la normalidad.	*La situation tend à revenir à la normale.*
Adquieren confianza.	*Ils prennent confiance.*

▶ **Verbes de type *pedir*** : le *e* de l'avant-dernière syllabe devient *i* s'il n'y a pas de *i* tonique dans la terminaison. C'est le cas au présent de l'indicatif sauf nous et vous, au présent du subjonctif, à la 2e personne du singulier de l'impératif, au gérondif, à la 3e personne du singulier et du pluriel du passé simple et au subjonctif imparfait. (voir Modifications verbales)

El que la sigue la consigue. (seguir)	*Vouloir c'est pouvoir.*
Prosiguió su actividad. (proseguir)	*Il poursuivit son activité.*
No quería que compitiéramos. (competir)	*Je ne voulais pas que nous fussions concurrents.*
Es necesario que corrijas. algunas faltas (corregir)	*Il faut que tu corriges quelques fautes.*
Los colombianos lo eligieron masivamente. (elegir)	*Les Colombiens l'ont élu à une grande majorité.*
No le impidas hablar. (impedir)	*Ne l'empêche pas de parler.*
Se está midiendo contigo. (medir)	*Il se mesure à toi.*
Repitió año. (repetir)	*Il a doublé.*
Viste traje de chaqueta. (vestir)	*Elle porte un tailleur.*
Rió y todos rieron.	*Il rit et tous se mirent à rire.*
Se fue sonriendo.	*Il s'en alla en riant.*

▶ **Verbes de type *sentir*** : ce sont des verbes en ***entir*** ou ***erir*** (exception : ***sumergir***). Ils ont les irrégularités de ***perder*** et ***pedir***.
Cas particuliers : ***morir*** et ***dormir*** sont des irréguliers de type ***contar*** et le ***o*** de leur radical devient ***u*** dans les mêmes conditions que ***pedir***.

Quizás invierta en ese ramo. (invertir)	*J'investirai peut-être dans cette branche.*

Me arrepiento de haber discutido. (arrepentir)	Je regrette de m'être querellé.
Asintió sin inmutarse. (asentir)	Il approuva sans broncher.
Le consientes demasiado. (consentir)	Tu lui passes trop de choses.
Le hirieron de muerte. (herir)	Il fut mortellement blessé.
Lo conviertes todo en tragedia. (convertir)	Tu fais un drame de tout.
¡Que os divirtáis! (divertir)	Amusez-vous bien !
Puede que mintiéramos. (mentir)	Il se peut que nous ayons menti.
Lo que tú prefieras. (preferir)	Comme tu voudras.
Te estoy advirtiendo. (advertir)	Je te mets en garde.
Lo siento de verdad. (sentir)	Je suis vraiment désolée.
Duerme a pierna suelta.	Elle dort à poings fermés.
Me muero de la sed. (morir)	Je suis morte de soif.
Se está refiriendo a un problema de convivencia. (referir)	Il veut parler d'un problème de cohabitation.
¡Ya es hora de que durmáis!	Il est grand temps de dormir !

▶ **Verbes en *uir* : *y*** entre le *u* du radical et la terminaison au présent de l'indicatif sauf nous et vous, au présent du subjonctif et à la 2e personne du singulier de l'impératif.

| El huracán lo destruye todo. | L'ouragan détruit tout. |
| Concluye ya. | Viens-en à la conclusion. |

76. Voici, voilà

He aquí, he ahí (invariables) sont peu usités.

- **Aquí, ahí, allí** (selon le degré d'éloignement) pour désigner le lieu. Le mouvement (**ir, venir**...) ou l'absence de mouvement (**estar, tener**) sont alors précisés par le verbe de votre choix.
Éste, ése, aquél (selon le degré d'éloignement) pour présenter, désigner l'identité, avec le verbe **ser**.

Aquí tienes tu libro, gracias.	Voici ton livre, merci.
¡Ahí va la pelota!	Attrape ! (voilà la balle)
Allí se va el tren, lo hemos perdido.	Voilà le train qui s'en va, nous l'avons raté.
Aquéllas fueron sus palabras.	Voilà quelles furent ses paroles.
Ésos son sus títulos.	Voilà ses diplômes.
Éste es mi primo.	Voici mon cousin.

- Expressions françaises

Esto es todo.	Voilà tout.
Eso sí que es gracioso.	Voilà qui est amusant.
Ahí tienes el resultado.	Et voilà le résultat.
Eso.	Voilà.

77. Ya

> = *bien*, antéposé (insistance, accord, décision)

Ya lo creo.	Je pense bien.
Ya lo sé.	Je le sais parfaitement.
Ya te lo decía yo.	Je te le disais bien.
Ya te lo dirá en su momento.	Il te le dira le moment venu.
Ya quisiera yo que así fuera.	J'aimerais bien que ce fût le cas.
¡Ya voy!	J'y vais !
Ya lo sé, ya lo verás.	Je sais bien, tu verras bien.
Ya	d'accord (conversation)

> *Ya* temporel : *déjà, à présent, enfin, désormais, tout de suite, plus tard*

Ya está.	Ça y est.
Ya llega.	(Ça y est) elle arrive enfin.
Ya me acuerdo.	(Ça y est) je m'en souviens à présent.
Ya te he dicho que no.	Je t'ai déjà dit non.
Trabajaré ya con menos estrés.	Je travaillerai désormais avec moins de stress.
Explícamelo ya.	Explique-moi tout de suite.
Ya hablaremos.	On en parlera plus tard.

Ya nos vemos.	*On se voit plus tard.*
Ya estoy ultimando el trabajo.	*Je mets la dernière main au travail à présent.*

> ***Ya no*** : *ne... plus* (interruption). À distinguer de ***no... más*** : *ne... pas plus* (suspension) et de ***ya no... más*** : *ne... plus... davantage*.

Ya no como caramelos, tráeme una fruta.	*Je ne mange plus de bonbons, apporte-moi un fruit. (fini)*
Ya no trabajo, me jubilé.	*Je ne travaille plus, j'ai pris ma retraite. (fini)*
Ya no se le puede pedir nada.	*On ne peut plus rien lui demander. (fini)*
No trabajo más.	*Je ne travaille plus. (je ne continue pas)*
No puedo más.	*Je n'en peux plus. (je ne continue pas)*
Gracias, no quiero más.	*Merci, je n'en veux plus. (je n'en veux pas davantage)*
No quiero más caramelos.	*Je ne veux plus de bonbons. (je ne continue pas)*
No se puede pedir más.	*On ne peut pas en demander plus.*
Ya no se hable más.	*N'en parlons plus. (fini, on ne continue pas)*
Ya no le puedo pedir nada más.	*Je ne peux plus rien lui demander d'autre.*
Ya no se puede reformar más esa ley.	*On ne peut plus réformer davantage celle-lui.*

> *Bien* : **bien** (insistance légère si antéposé, contraire de *mal* si postposé), ***ya*** (usuel, insistance si antéposé), ***por lo menos*** (*au moins*), ***sí* (*que*)** (affirmation), ***largo*** (temps, distance), ***mucho*** (*beaucoup*), ***muy*** (*très, vraiment*).

Bien te lo decía yo.	Je te disais bien.
Hiciste bien en contármelo.	Tu as bien fait de m'en parler.
Éramos por lo menos cien.	Nous étions bien cent personnes.
Dos kilómetros sí que nos los recorrimos.	Nous avons bien parcouru deux kilomètres.
Había dos horas largas de espera.	Il y avait bien deux heures d'attente.
La cola era de cien metros largos.	La file faisait bien cent mètres.
Dale muchos besos de mi parte.	Embrasse-la bien de ma part.
Hace mucho tiempo.	Il y a bien longtemps.
Ya es difícil.	C'est bien compliqué.
¡Recuerdos a mis ex alumnos!	Bien des choses à mes anciens élèves !

Index grammatical

les numéros renvoient aux rubriques

a fin de que 66
(pero) si ya 32
a 53
a + infinitif 30, 53
à + infinitif 30
a cambio de 49
a causa de 49
à cause de 53
à chaque fois que 71
à côté de 53
a despecho de 53
a él 56
a expensas de 53
a favor de 53
à force de 67
a fuerza de 67
a la par que 71
à la place de 57
a lo mejor 45
a lo, a la 5
a medias 35
a medida que 71
a medio 35
a menos que 36
à moins de 36
à moins que 30, 36
à moitié 35
a no ser + infinitif 30
a no ser que 36
à nouveau 62
à peine 71

a pesar de 7, 73
a poco que 36
à présent 77
a que 31
a raíz de 67
à tel point que 69
a través de 49
acá 4
acabar con + infinitif 44
acabar por + infinitif 44
acaso 45
accents grammaticaux 1
accents verbes en a, e, o + er, ir 1
accents verbes en iar, uar 1
accord du participe passé 42
aconsejar 65
además de 2
adjectif démonstratif 30
adjectif possessif 30
adjectifs démonstratifs 13
adjectifs possessifs 51, 53
adverbe (formation) 21
afin de 66

ahí 4
ahí 76
ahora bien 11, 32
ainsi que 29, 70
al 5
al (mismo) tiempo 71
al + infinitif 25
al contrario de 32
al lado de 53
alcanzar a + infinitif 44
algo 29
alguno 3, 51
alguno, ninguno 29
allá 4
allí 4, 76
alors que 71
alrededor de 53
andar + gérondif 22
ante 53
antes 48
antes bien 48
antes de + infinitif 30
antes de que 71
aparte de 2
apenas 71
après 30, 53
après 53
après que 71

aquél 76
aquí 4, 76
archi- 73
arreglárselas 56
arrepentirse 64
article défini 5, 30
article indéfini 5, 29, 30
así como 29, 70
así pues 69
así que 69, 71
asi y todo 7
assez 29
assez pour 69
attendu que 67
au fur et à mesure que 71
au lieu de 32
au moment où 71
au point de 69
aucun 3, 37, 51
augmentatifs 16
aun 33
aún 33
aun + gérondif 7
aun así 7
aun cuando 7
aun sin + infinitif 7
aunque 7
aunque + participe passé 42
aussi bien... que 9
aussi... que 9

aussitôt de 30
aussitôt que 71
autant 9
autour de 53
autrement dit 69
aux dépens de 53
avant 30
avant que 71
avoir beau 6
bajo 53
bastante 29
bastante como para 69
beaucoup 29, 51
bel et bien 37
bien 77
bien que 7
bien bien 11
bueno, malo 3
ça y est 77
cada 29, 51
car 11, 58, 67
ce 13
celui-ci 13
celui-là 13
cela 13
centaines 38
cependant 9
cerca de 53
certain 29
c'est... que 8
c'est... qui 8
chacun son 51
chaque 29, 51
cien 38
ciento 38
cierto 29
COD 56
COI 56
comme 70
como 8, 60, 65, 68, 70
cómo 20, 70

como no sea que 36
como que 68
como si 68
comparatifs irréguliers 3, 9
con 53
con + infinitif 7, 30
con el fin de 49
con el pretexto de 67
con lo cual 69
con objeto de 66
con tal que 64
con tanto 67
con vistas a 49, 66
concordance 10
conditionnel 72
conditionnel régulier 24
conditionnels irréguliers 24
conforme 71
conmigo 57
conque 69
conseil 65
contre 53
convertirse en 15
crainte 59
cual 60, 70
cualquier 51
cualquiera 3, 29, 60
cuán 20
cuando 8, 60, 65, 71
cuando quiera 60
cuanto 3, 29, 70
cuánto 20
cuanto más (menos)... tanto 12
cuanto más que 12
cuyo 17
dado que 67

dans la mesure où 70
dans le but de 66
d'autant plus... que 12
de 53
de + adjectif 30, 67, 68
de + infinitif 30, 67
de ahí 69
de ahí que 69
de aquí a 49
de crainte que 67
de él 51
de forma que 69
de là 69
de là à 69
de lo... que 67
de manera que 69
de modo que 69
de nuevo 62
de puro 67
de quien 17
de sorte que 69
de surcroît 2
de tal forma que 69
de tan 67
de tan... como 67
de tan... que 67
de tanto + infinitif 30
de tanto como 67
de telle manière que 69
de... como 67
de... que 67
debajo de 53
deber 40
deber de 55, 72
debido a 49, 67
decir 65
déjà 77
dejar 65

dejar + participe passé 42
dejar de + infinitif 44
dejarse de + infinitif 44
del 5
del + infinitif 30
del cual 17
del que 17, 67
delante de 53
demasiado 29
demasiado como para 69
demi 35
dentro de 53
depuis 14
derrière 53
dès que 71
desde 14
desde el punto de vista de 49
desde hace 14
desde que 71
désormais 77
después de 53
después de + infinitivo 30
después de que 71
detrás de 53
deux de 51
devant 53
devenir 15
devoir 40
dicho 13
diminutifs 16
dizaines 38
dommage 64
donc 58, 69
donde 8, 60, 65
donde quiera 60
dont 17
dormir 75

204

doubles participes passés 42
doute 65
drôlement 73
du fait que 67
du moment que 71
echar de menos 64
echar en falta 64
echarse a + infinitif 44
eh bien 58
el cual, la cual 61
el que 8
el que, la que, el de, la de 5
ello 57
empero 7
en 19
en 53
en absoluto 37
en beneficio de 53
en calidad de 70
en cambio 32
en contra de 53
en cuanto 71
en cuanto a 53, 71
en dépit de 53
en el lugar de 57
en el momento en que 71
en face 53
en favor de 49
en la medida en que 70
en la vida 37
en lugar de 49
en plus 2
en que 71
en raison de 67
en revanche 32
en tant que 70
en tanto que 70, 71
en torno a 49, 53
en vez de 32

en vista de 67
en vue de 66
encima de 2, 53
enclise 18, 56
enclise à l'impératif 28
encore 30, 33, 62
enfin 77
enfrente de 53
entre 57
entre los cuales 17
entre... y 35
environ 5, 52
ése 76
esperar 59
espérer 59
estar 26, 46, 63, 76
estar + gérondif 22
estar a punto de 44
estar al + infinitif 30
éste 76
este, ese, aquel 13
éste, ése, aquél 13
esto, eso, aquello 13
et 11
et encore moins si 36
étant donné que 67
être ou avoir + participe passé 74
être sur le point de 30
excepto 57
excepto que 36
exclamatifs 20
extrêmement 73
face à 53
faillir 36
féminin des adjectifs 21
fractions 23
frente a 53

fuera de 2
futur régulier 24
futurs irréguliers 24
grande 3, 9
gustar 56, 65
haber + participe passé 42, 74
haber de 40
hace 14, 26
hacer falta 39
hacerse 15
hacia 53
hasta 33
ir 53
hasta 53
hasta el punto de que 69
hasta que 71
hasta tal punto que 69
hay 26
hay que 39
he ahí 76
he aquí 76
hiper- 73
hyper- 73
hypothèse (les temps de) 55
ici 4
igual 29, 45
il est + adjectif + que 65
il est + adjectif + que 63
il est +adjectif + de 30
il faut 39
il ne s'agirait pas que 36
il paraît que 24
il suffit de 30
il y a 26
imparfaits irréguliers 27

imparfaits réguliers 27
impératif régulier 28
impératifs monosyllabiques 28
incluso 33
incluso 57
ir 76
ir + gérondif 22
ir a + infinitif 44
jamais 37
jamais au grand jamais 37
jamais de la vie 37
jamás 37
la 5, 56
là 4
la de 20
la façon de 30
la mar de 73
lamentar 64
largos 77
lástima que 64
le 56
le fait de 30
lejos de 53
llegar a + infinitif 44
llegar a ser 15
llevar + gérondif 14
llevar sin + infinitif 14
lo 56
lo cual 61
lo que 60
lo que, lo de 5
lo... que 20
lograr + infinitif 44
loin de 53
luego 58, 69
luego de (que) 71
l'un de 51
mais 11, 32, 59
mandar 59, 65

mas 6, 11
más 51, 62
más bien 48
más o menos 49
más, menos 3, 9
mediante 49
medio 29, 35
mejor 48
mejor dicho 48
même 29, 33, 57
même pas 33, 37
même si 7
menos 51, 57
mí 57
mi... mi 35
mientras 71
mientras (tanto) 71
mientras más (menos)... 12
mientras que 71
mil 38
mismo 29, 33, 57
mitad 35
modifications verbales 34
moins 51
morir 75
mucho 6, 29, 51, 77
muy 6, 29, 73, 77
nada 29, 37
nada (ni nada) 7
nada de 37
nada más 71
nada más + infinitif 30
nada menos que 37
nadie 37
ne plus 77
ne serait-ce que 36
ne... plus... davantage 77
ne... pas plus 77
ne... que 36

ni 11
ni 11, 33
ni nada 33
ni que 68
ni siquiera 33, 37
n'importe quel 3, 29, 51
ninguno 3, 37, 51
no 37
no bien 71
no obstante 7
no sea que 36
no sólo... sino también 32
no... alguno 37
no... antes de 36
no... hasta 36
no... más 77
no... más que 36
no... pero 32
no... pero eso sí 32
no... pero sí, sí pero no 32
no... sino 32, 36
no... siquiera 33, 37
nom propre 5
non plus 37
non seulement 2
non seulement, mais encore 32
nunca 37
nunca jamás 37
o 11
o sea (que) 69
ojalá 64
olvidársele 56
on 41
on ne peut plus 30
opinion 65
or 11
ordenar 59, 65
ordre 65
ordre des pronoms 56

otro 3, 29, 62
ou 11
où (temporel) 71
où que 60
outre 2
par 49
par conséquent 69
par pur 67
par suite 69
para 49, 53
para colmo 2
para nada 37
para que 66
parar de + infinitif 44
parce que 50, 67
parfaits forts 43
participes passés irréguliers 42
participes passés réguliers 42
pas moins de 37
pasar a 15
passé simple régulier 43
pendant ce temps-là 71
périphrases verbales 44
permitir 65
pero 11
pero si 32
personne 37
peu 29, 51
peut-être 45
place du pronom sujet 57
pluriel des adjectifs 47
pluriel des noms 47
pluriel des noms composés 47
pluriel des sigles 47
plus 51

plus (moins)... plus(moins) 12
plus tard 77
plus, moins 3
plusieurs 29, 51
plutôt 48
poco 29, 51
points d'exclamation 31
points d'interrogation 31
ponerse 15
por 49, 50, 66, 67
por si acaso 68
por + infinitif 30
por añadidura 2
por culpa de 53
por ello 67
por ende 69
por eso 69
por favor 69
por lo menos 77
por lo mismo que 67
por lo que 8, 69
por lo tanto 69
por lo... que 67
por miedo a 67
por poco que 36
por puro 67
por que 50
por qué 50
por si 68
por temor a 67
porque 50, 66, 67
porqué 50
pour 49, 53
pour autant 67
pour autant que 59
pour les mêmes raisons 67
pour peu que 36
pour que 59, 66

pourcentages 52
pourquoi 50
pourvu que 64
prépositions 53
prépositions à construction simple 53
prépositions à double construction 53
prépositions à triple construction 53
près de 53
présent indicatif irrégulier 54
présent indicatif régulier 54
présent subjonctif irrégulier 54
présent subjonctif régulier 54
prière 59, 65
primero, tercero 3
prohibir 65
pronoms compléments 18, 56
pronoms compléments 56
pronoms démonstratifs 13
pronoms personnels 53
pronoms posessifs 53
pronoms possessifs 51
pronoms sujets 57
propio 29
propre 29
pues 11, 58, 67, 69
puesto que 67
puis 58
puisque 67

quand 71
quand bien même 7
quant à 53
que 31, 59, 61, 62
que 59
qué 20
que + infinitif 30
qué pena 64
qué... más 20
qué... tan 20
quedar + participe passé 42
quedarse 15
quel que 60
quelconque 29
quelque 3, 51
quelque chose 29
quelques 5
qui 59, 61
qui que 60
quiconque 29, 60
quien 8, 60, 61
quien quiera 60
quizá 45
quizás 45
quoique 7
re- 62
recientemente 3
regret 64, 65
regretter 64
rendre 15
requete- 73
rien 29, 37
rien qu'à 30
rogar 59
romper a + infinitif 44
salvo 57
salvo que 36
sauf 57
sauf que 36
sauf si 36
se 41
se ha de 39

seguir + gérondif 22
según 49, 53, 57, 71
selon 57
semblable 29
semejante 29
semi 35
semi 35
sendos 51
sentir 64
ser 46, 63
ser necesario 39
ser preciso 39
seulement 36
si 32, 68
sí 37, 77
si 68
si + infinitif 30
si à l'occasion 68
si acaso 68
si algún día 68
si au moins 64
si bien 7
si bien + participe passé 42
si ce n'est que 36
si d'aventure 68
si jamais 68
si no 32
si no es que 36
si par hasard 68
si por lo menos 64
sí que 37
si seulement 64
si un jour 68
si... que 69
siempre que 71
sin embargo 7
sin que 32
sinon 32
siquiera 36
sitôt 71
so 20
sobrado 69

sobre 2, 53
soit... soit 11
soler + infinitif 44
sólo 36
sólo con + infinitif 30
souhait 64, 65
sous 53
sous prétexte que 67
subjonctif 10
subjonctif imparfait irrégulier 43
subjonctif imparfait régulier 43
subjonctif phrases indépendantes 65
subjonctif phrases subordonnées 65
substitutions de temps 8
substitutions de temps 72
suficiente 69
suite à 67
sumamente 73
super- 73
superlatif absolu 73
superlatif relatif 73
tal 13, 29
tal y como 29
tampoco 37
tan... como 9
tan pronto como 65, 71
tan... que 69
tandis que 71
tant 67
tanto 3, 9, 29
tanto más cuanto que 12
tanto más que 12
tanto... como 9
tanto... que 69

tel 29
tel... que 59
tellement 67
tellement... que 69
temer 59
temps composés 72
tener 76
tener + participe passé 42
tener que 39, 40, 55, 72
ti 57
todavía 33
todo 29, 56
todo (y todo) 7
tout 29
tout... que 7
tout de suite 77
tout en 7
tras 2, 53, 71

tras + infinitif 30
très 29, 73
trop 29
trop pour 69
tú 57
tú que 57
un 5
una vez + participe passé 42
uno, una 38, 41
usted 57
varios 29, 51
vaya 20
venga 28, 69
venga a 30, 62
venir 76
venir + gérondif 22
venir a + infinitif 44

verbe de mouvement + a 66
verbes à double construction 65
verbes de type **contar** 75
verbes de type **pedir** 75
verbes de type **perder** 75
verbes de type **sentir** 75
verbes en eír 75
verbes en uir 75
verbes pronominaux 56
vers 53
verse 46
visto que 67
voici 76

voilà 76
volver a 62
volverse 15
vouvoiement à l'impératif 28
vu que 67
vuelta a 30
vuelta a 62
y 11, 38, 62
y 19, 77
y compris 33
y menos si 36
y todo 33
ya 69, 77
ya no 77
ya no... más 77
ya que 67
ya... ya 11
yo 57
yo que 57

Dépôt légal : février 2011